NOTICE

SUR

L'ANCIENNE COLLÉGIALE

DE SAINT-PIERRE DE LILLE.

NOTICE

SUR

L'ANCIENNE COLLÉGIALE

DE SAINT-PIERRE DE LILLE,

DANS SES RAPPORTS AVEC LES INSTITUTIONS FÉODALES ET COMMUNALES,

Par M. TAILLIAR,

Conseiller à la cour d'appel de Douai, Membre correspondant de la Commission historique du département du Nord.

LILLE,

IMPRIMERIE DE L. DANEL, GRANDE-PLACE.

1850.

SOMMAIRES.

1. Ancien château de Lille. — Église castrale.
2. 1055. Commencement de la construction de la collégiale de Saint-Pierre. — Style architectonique de cette église.
3. Institution de la Collégiale par Bauduin V, comte de Flandre, en 1066. — Consécration solennelle de l'église.
4. Confirmation des priviléges de Saint-Pierre par les Souverains Pontifes.
5. Organisation de la Collégiale. — Ses dignitaires. — Succursales qui en dépendent.
6. 1092. Raimbert, écolâtre de Lille, enseigne la dialectique.
7. Renommée du chapitre de Lille. — Deux de ses anciens membres sont élevés aux siéges épiscopaux d'Arras et de Térouane.
8. Principales possessions du chapitre de Saint-Pierre. — Sa puissance féodale.
9. Autels conférés à la Collégiale. — Bulle du pape Célestin II, qui les confirme en 1144.
10. Crédit du Chapitre. — En 1115, Bauduin VII repentant lui rend un alleu.

11. Les barons de la terre déclarent que les chanoines de Saint-Pierre ont le droit d'exiger de leurs *hôtes* ou vassaux des subsides pécuniaires, comme les autres seigneurs.
12. 1092-1309. Plusieurs seigneurs affranchissent des serfs en les offrant à la Collégiale.
13. Philippe-Auguste confirme, en 1202, par un nouveau diplôme, la fondation et les biens de l'église de Saint-Pierre.
14. Guerre entre la France et la Flandre. — Captivité du comte Ferrant à la suite de la bataille de Bouvines, en 1214. — Somme fournie par le Chapitre pour subvenir à sa délivrance.
15. Le chapitre de Saint-Pierre donne un fonds de terre pour l'établissement des Dominicains.
16. État florissant de la collégiale de Saint-Pierre au commencement du XIII.e siècle.
17. Pouvoir nouveau qui s'élève en face de la Collégiale. — La Commune.
18. Commune de Lille au commencement du XIII.e siècle.
19. Réorganisation des institutions communales en 1235. — Charte de la comtesse Jeanne.
20. Sentence arbitrale relative à des contestations entre le comte de Flandre et le chapitre de Saint-Pierre, touchant le quartier de Saint-Maurice.
21. Arsin fait à Quesnoy sur la maison d'un *hôte* de Saint-Pierre, qui avait blessé un bourgeois de Lille.
22. Difficultés élevées dans le sein même du chapitre entre le prévôt et les autres chanoines. — Sentence arbitrale à ce sujet.
23. Chapelle de Notre-Dame de la Treille, à la collégiale de Lille. — Confrérie organisée en 1254.
24. Saint-Louis vient à Lille en 1255.
25. Débat entre Saint-Pierre et les Échevins de Lille, relatif à la juridiction de Saint-Maurice, terminé par arrangement.
26. Nouveaux conflits entre les autorités lilloises.
27. Institution de la procession de Lille, en 1269.

28. Violation des priviléges de Saint-Pierre, en **1276**. — Jugement contre les infracteurs.
29. Second arsin commis par la ville sur la maison d'un *hôte* de Saint-Pierre. — Lettres de non préjudice.
30. Itératif débat concernant la juridiction de la terre de Saint-Maurice. — Transaction supplémentaire.
31. 1283 (environ). Nouvelles discordes plus graves encore entre la Collégiale et la Commune. — Transaction.
32. Le seigneur de Cysoing et le comte de Flandre autorisent le Chapitre à acquérir divers biens.
33. 1288, le comte de Flandre, Gui, attribue à la Commune la juridiction et seigneurie sur la paroisse de Saint-Maurice et sur plusieurs autres terres.
34. Progrès de la commune de Lille jusqu'à la fin du XIII.ᵉ siècle.
35. Invasion de la Flandre par le roi de France, Philippe-le-Bel. — Lille pris trois fois. — Situation de la ville et de la Collégiale.
36. Incendie de la Collégiale en **1334**. — Reconstruite dans un nouveau style, elle a subsisté jusqu'en **1793**.

NOTICE

SUR L'ANCIENNE COLLÉGIALE

DE SAINT-PIERRE DE LILLE,

DANS SES RAPPORTS AVEC LES INSTITUTIONS FÉODALES ET COMMUNALES.

1. — *Ancien château de Lille.* — *Eglise castrale.* — Au IX.e siècle, à l'époque de ces grandes et formidables invasions normandes qui viennent produire dans nos contrées une si profonde rénovation, tout le nord de la France, jusque-là désarmé et accessible, se couvre de nombreuses forteresses dont la garde est confiée à des châtelains.

Dans un îlot formé par deux bras de la Deûle, au milieu d'un pays généralement inculte et improductif, couvert de marécages et de broussailles, s'élève alors un château-fort qui, de sa situation avantageuse au milieu des eaux de la Deûle dont il est entouré, reçoit le nom de Château-de-l'Isle (1).

Tels sont les modestes commencements de cette riche et puissante cité, qui doit au moyen-âge dominer en suzeraine orgueilleuse sur le pays d'alentour.

Dès le X.e siècle, néanmoins, ce château, sous l'aile duquel viennent se réfugier les populations circonvoisines, acquiert de

---

(1) *Castellum insulense* et par contraction *islense.*

l'importance. Il se compose de quatre tours placées aux quatre points cardinaux et reliées entre elles par d'autres constructions ou de massives murailles (1).

Bientôt, selon la loi ordinaire qui préside au développement des cités, des habitants s'agglomèrent autour de ce château et donnent naissance à un bourg que les comtes de Flandre aiment à protéger, dont ils se plaisent même à se considérer comme les fondateurs. Ce *bourg* est également entouré de fortifications et de remparts ; tous ceux qui sont admis à venir l'habiter et à y trouver protection et sûreté, reçoivent le nom de *bourgeois*.

A ces époques de foi enthousiaste, de croyances énergiques, la religion dominait tous les établissements humains et semblait leur communiquer de sa force en les couvrant de sa puissante égide. Pour les besoins religieux des habitants du château et de ses alentours, une chapelle castrale importante ne tarde pas à être élevée au pied même de la forteresse. Elle est consacrée à Saint-Pierre, prince des apôtres, et forme une église assez considérable jusqu'à ce qu'elle devienne plus tard une éminente basilique. La paroisse dont elle est le centre constitue une sorte de circonscription à la fois religieuse et civile.

Cependant, grace à la protection de Dieu et à la persévérance patiente et laborieuse des habitants, la bourgade reçoit d'assez amples développements. Ce sol sur lequel elle était assise, n'était âpre et difficile qu'en apparence ; cultivé avec soin, il payait richement les travaux dont il était l'objet ; et même dans les marais à peine desséchés, lorsqu'une fois quelques pouces de terre végétale purent s'élever au-dessus des eaux, on fut émerveillé de la fécondité de cette terre neuve et productive. Aux produits de l'agriculture, toujours et partout la nourrice des hommes, se joignirent bientôt les dons de l'industrie et ceux du commerce. Dans les temps les plus barbares comme aux époques les plus civilisées,

---

(1) Voy. Bulletin de la Commission historique du département du Nord, t. II, p. 78.

l'agriculture, qui fait éclore les produits du sol, l'industrie, qui les met en œuvre, le commerce, qui les livre à la circulation, sont constamment les trois éléments constitutifs de la richesse sociale.

Cette bourgade encore modeste et d'un aspect rustique est soumise à un gouvernement peu compliqué. Sous l'autorité du comte et du châtelain, elle a à sa tête un mayeur *(major)* et six magistrats qui portent le nom germanique de *skepen* ou échevins (1). Le mayeur, comme le châtelain, n'est dans le principe qu'un fonctionnaire nommé par le comte et que le comte peut révoquer. Mais lorsque la féodalité pénètre partout et que tout devient fief, quand les fonctions de châtelain se transforment en un office féodal et héréditaire, la charge de mayeur se convertit également en fief et se transmet dans la même famille par voie de succession. Il n'en est pas de même des échevins. Choisis parmi les bourgeois ou autres qui paraissent convenir le mieux, ils conservent leurs fonctions tant qu'il plaît au prince; il les renouvelle quand il le croit utile. A ces autorités viennent s'adjoindre les curés des paroisses. Dans des temps où les institutions religieuses et les institutions civiles sont si étroitement unies, où tous les grands actes de la vie publique et privée s'accomplissent en face de l'église ou sous ses inspirations, le curé, bien qu'il ne soit pas revêtu d'une puissance civile proprement dite, exerce néanmoins une grande influence, et ne manque pas d'intervenir dans tout ce qui concerne les intérêts de sa paroisse (2).

Ainsi, sous la haute tutelle du comte et du châtelain, un mayeur féodal et héréditaire, des échevins seigneuriaux révocables, remplissant les fonctions de juges et d'officiers municipaux, un prêtre ou un curé consulté au besoin, tel est le personnel dont se compose

---

(1) Ce terme est dérivé du mot tudesque *skepen* qui signifie juger.

(2) Déjà sous le paganisme romain, le curion (*curio*), ainsi nommé parce qu'il était chargé des choses sacrées, (*quia sacra curabat*), était dans chaque curie un personnage en crédit, entouré d'égards et de considération. Il en doit être ainsi à plus forte raison du curé chrétien. (V. ci-après N.º 19.)

le gouvernement de la ville de Lille, dont la prospérité va toujours croissant.

2. — 1055. *Commencement de la construction de la collégiale de Saint-Pierre. — Style architectonique de cette église.* — Par suite du rapide développement de la bourgeoisie lilloise, l'enceinte de la ville reçoit des agrandissements successifs. L'église castrale, qui n'était dans son principe qu'une simple chapelle devient tout-à-fait insuffisante. La construction d'un nouveau temple, plus spacieux, plus considérable, mieux en harmonie avec les besoins de la population paraît indispensable. Dès l'an 1055 on se met à l'œuvre (1); et sur l'emplacement même de l'église castrale, on jette les fondements d'un plus vaste édifice. La Flandre était alors gouvernée par un prince pieux et bon, Baüduin V, qui était animé, pour la ville de Lille, de la plus tendre affection, et qui pendant toute sa vie, ne cessa de l'accroître et de l'embellir. La jeunesse de ce prince avait été fort orageuse ; en haine d'une marâtre qui le détestait, il s'était révolté contre son père, et lorsqu'il fut appelé à régner en 1036, ses sujets pouvaient craindre de n'avoir point à se louer de son gouvernement. Mais à peine fut-il en possession de l'autorité que ces appréhensions se dissipèrent. Son esprit de justice et son dévouement à ses fonctions, lui concilièrent tous les suffrages. Prince éminemment religieux, il favorisa de tout son pouvoir l'érection de la nouvelle église, qui devait ajouter à l'importance de la ville et donner à son règne un nouveau lustre. La construction de l'édifice commencé en 1055 marcha rapidement ; vingt ans après il était achevé. Bien que le temps ne nous ait conservé aucun renseignement sur le caractère architectonique de cet édifice incendié en 1334, on doit supposer qu'il était bâti dans le style roman ; qu'il comprenait une nef principale assez large, deux nefs latérales moins élevées, un transsept formant la croix avec la

---

(1) V. Anc. Chroniq. citée par BUZELIN, *Gallo Flandr.*, p. 305.

grande nef, et un chœur avec un abside derrière le maître-autel. Les fenêtres fort étroites devaient être à plein cintre, et leurs arceaux formés de voussoires cunéiformes. Les arcades intérieures devaient aussi être à plein cintre, car on ne connaissait encore ni l'ogive, ni les colonnettes groupées ; ces arcades reposaient sans doute sur des colonnes massives et arrondies, couronnées de chapitaux, lesquels étaient ornés peut-être de quelques feuillages lourdement dessinés.

3. — *Institution de la collégiale par Bauduin V, en 1066.* — *Consécration solennelle de l'église.* — Lorsque la nouvelle église fut complétement bâtie et préparée, le comte Bauduin, pour donner à l'établissement plus de consistance et de splendeur, y institua, en 1066, un chapitre de chanoines par un acte de fondation conçu en ces termes :

« Au nom de la sainte et indivisible Trinité, seul vrai Dieu, moi, Bauduin, marquis de Flandre, procurateur (*procurator*) du roi des François, Philippe, et regée du royaume, convaincu d'après le témoignage des livres saints que l'héritage de la vocation céleste est réservé à ceux qu'une bonne intention excite à la pratique des œuvres pieuses, je me suis mis à réfléchir en moi-même avec une application toute particulière de mon esprit, qu'outre l'observation des divers préceptes, il n'est pour un vrai serviteur de Dieu, rien de plus profitable au salut de l'âme et à la santé du corps que de fonder des églises en l'honneur de Dieu et des Saints, lorsqu'on peut le faire d'une manière conforme à la raison et à la loi.

» Considérant donc souvent avec les yeux du cœur qu'il est écrit qu'on *exige beaucoup de ceux à qui une grande puissance est confiée*, et que *celui qui bâtit la maison de Dieu sur la terre se prépare une demeure dans les cieux*, acquiesçant d'ailleurs aux fidèles et salutaires conseils de mon épouse Adèle et de mon fils Bauduin, et construisant dès ses fondements une basilique en l'honneur de Saint-Pierre, prince des apôtres, j'y ai institué une congrégation de chanoines, à l'effet d'invoquer nuit et jour la miséricorde de Dieu, pour le salut de mon âme et de celles de mes prédécesseurs; de ma femme, de mes fils, et de tous les fidèles de Dieu ; j'ai, en conséquence attribué sur mon propre avoir à ces chanoines pour leurs besoins journaliers les biens ci-après indiqués, libres de toute domination ou puissance de qui que ce soit, excepté de celui que les prévôt et chanoines choisiront d'un commun accord dans la ville de Lille, fondée par mes aïeux, lequel administrera leurs affaires tant et aussi longtemps qu'il leur plaira. »

Suit l'énumération des biens donnés par le comte :

Dans le territoire de Lille on remarque des manses et des bonniers situés à Lomme, à Frelinghem, à Waschemi, à Lesquin, à Esquermes, à Ennetières, à Marcq-en-Barœul, à Fourmestraus, à Deulémont, à Fins, à Hallewin, à Flers, à Wazemmes, à Anappes, toutes localités qui prospérèrent sous le patronage bienfaisant de Saint-Pierre.

Le comte Bauduin ajoute ensuite :

« Mon épouse (la comtesse Adèle) desirant participer à ces libéralités et à la rénumération du Seigneur, et se rappelant cette parole du Seigneur : « *J'ai été sans asyle et vous m'avez accueilli; j'ai eu faim et vous m'avez* » *donné à manger* », a donné à ladite église un domaine situé dans le pays d'Artois, nommé Arleux (1), pour l'hospitalité et l'entretien des pauvres, mais à cette condition que les chanoines en aient annuellement quarante sous à la fête de la dédicace.

» Elle a donné en outre le manoir de l'église de Deûlémont au trésorier, pour que chaque année les chanoines en reçoivent douze sous à la fête solennelle des apôtres Saint-Pierre et Saint-Paul, jour où ils célèbreront le service anniversaire de son père Robert, jadis roi des François; et de plus les pauvres recevront un pain pris sur un muid de grain mêlé, et deux portions de fromage : de telle sorte néanmoins que l'autel de Saint-Pierre, dans la crypte, ait en tout temps, durant la nuit, un luminaire inextinguible (2).

» Quiconque s'avisera de contrevenir à cet acte ou de le contredire,

---

(1) Arleux en Gohelle. (V. ci-après N.º 8.)

(2) Les traces de cette crypte ont été retrouvées lors des fouilles qui furent faites en 1834, sur l'emplacement de l'ancienne église de Saint-Pierre. (V. rapport sur les fouilles du Palais-de-Justice, revue du Nord, 1.re série, t. V, p. 212, 297.

paiera cent livres d'or avec l'amende du roi, et ce qu'il aura tenté demeurera sans effet.

» Fait à Lille, dans la basilique de Saint-Pierre, devant le roi des François, Philippe, la 7.e année de son règne, l'an de l'incarnation 1066, indiction IV, en présence de plusieurs nobles personnes et de témoins idoines clercs et laïcs.

» Pour que cette concession demeure ferme et indissoluble à toujours, le susdit roi, à ma prière, l'a signée de sa main et corroborée de l'empreinte de son sceel. »

Suivent les signatures du roi, du comte de Flandre, du jeune comte Baudouin, son fils, du comte de Valenciennes Isaac, des évêques de Noyon et Tournay, d'Amiens et de Térouane, des Archidiacres de Noyon, de Térouane et de Cambrai, de l'échanson et du connétable, et de plusieurs autres seigneurs parmi lesquels figurent Robert de Béthune, avoué d'Arras, Wautier, châtelain de Douai, et Hugues son frère (1).

Par l'effet de cette fondation, approuvée et privilégiée par l'évêque de Noyon et de Tournay, l'église de Saint-Pierre entièrement terminée est immédiatement vouée au culte. Elle est bénie et solennellement consacrée au milieu d'une pompeuse cérémonie à laquelle assistent le roi de France, Philippe I.er, le comte de Flandres, son jeune fils, le comte Isaac de Valenciennes, les trois évêques de Noyon, d'Amiens et de Térouane, revêtus de leurs insignes, les dignitaires des chapitres, les abbés des monastères en habits sacerdotaux. Une multitude d'autres ecclésiastiques s'y rend avec empressement ; et toutes les reliques des saints, possédées par les églises et les abbayes, y sont apportées dans le plus grand appareil (2).

(1) L'original de cette pièce se trouve à Lille aux archives du département. — V. aussi le cartulaire de Saint-Pierre, Ms. N.º 251 de la bibliothèque de Lille ; — le livre intitulé *Decanus*, Ms. N.º 89 de la même biblioth. ; — AUBERT-LE-MIRE, *opera diplomatica*, t. I, p. 65, t. III, p. 69 ; — BUZELIN, *Gallo-Flandria*, liv. II, chap. XIII, p. 305 ; — ROISIN, publié par M. BRUN-LAVAINNE, p. 217.
(2) V. ancienne chronique de Flandre, — JEAN D'YPRES, chron. de S.-Bertin ; — JACQ. MEYER, liv. III ; — VANDER-HAER, chastelains de Lille, liv. II, ch. I ; — BUZELIN, *Ann. Gallo-Flandriæ*, p. 172.

4. *Confirmation des priviléges de Saint-Pierre par les Souverains Pontifes.* — La collégiale de Saint-Pierre constituée sous la triple protection du roi de France, du comte de Flandre et de l'évêque de Noyon et Tournay, ne tarde pas à obtenir des Souverains Pontifes des lettres importantes qui la confirment dans tous ses priviléges.

Le premier de ces titres lui est octroyé en 1066, l'année même de l'établissement de la collégiale, par le pape Alexandre II.

Par cet acte, adressé à Baudouin, comte de Flandre, le pontife sanctionne de son autorité apostolique tous les avantages concédés à l'église de Lille, par l'évêque de Noyon et Tournay et les confirme inviolablement, de telle sorte que ni cet évêque, ni aucun de ses successeurs, ni le comte lui-même, ni aucune personne de haute ou de basse condition, n'ait la présomption d'y porter atteinte ou de faire le moindre tort à l'église.

En 1074, le fameux pape Grégoire VII, à la demande de Fulcard, prévôt de la collégiale, confirme de nouveau les priviléges de Saint Pierre. « Nous statuons, dit le pontife, qu'aucun roi, empereur, prélat, duc, comte, ou tout autre personnage revêtu d'une dignité quelconque, ne puisse, sous aucun prétexte, diminuer ou retrancher de ce qui a déjà été légalement accordé à ce lieu vénérable et de ce qui lui sera accordé dans la suite avec la miséricorde de Dieu ; qu'ils n'en puissent rien appliquer à leurs usages, ni rien concéder à d'autres, en excusant leur avarice par de pieux motifs ; mais nous voulons que toutes les offrandes qui ont été ou pourront être faites, soient possédées intactes et sans trouble, pour servir aux usages de ceux à la substance et au gouvernement desquels ils ont été destinés (1).

5. — *Organisation de la collégiale.* — *Ses dignitaires.* — *Succursales qui en dépendent.* — L'organisation de la collégiale de Saint-

---

(1) Le texte de ces deux priviléges se trouve aux archives du département. — V. aussi Cartulaire de Saint-Pierre, Ms. N.º 251 de la bibliothèque de Lille ; — Roisin, publié par M. Brun-Lavainne, p. 222 et 251.

Pierre suit de près sa fondation. Elle compte définitivement quarante chanoines; savoir : dix prêtres, dix diacres, autant de sous-diacres et d'acolytes. Le chapitre est gouverné par le prévôt, qui en est le chef extérieur et le représentant civil. Après lui marchent: le doyen, qui préside à l'assemblée des chanoines et maintient parmi eux la discipline (1); le chantre, qui dirige la musique sacrée, le chant des offices, et la maîtrise où sont instruits les enfants de chœur; le trésorier, chargé du soin des richesses de la sacristie et des ornements sacerdotaux, investi de la gestion de tout ce qui est nécessaire au culte ; l'écolâtre, dont la mission est de commander à l'école établie près de la collégiale et de surveiller toutes les écoles de la paroisse (2).

L'évêque de Tournay, l'évêque de Térouane et le prévôt de la collégiale de Saint-Donat de Bruges sont rangés parmi les chanoines et jouissent de la prébende affectée à leur titre.

Outre le clergé attaché à l'église même, Saint-Pierre compte plusieurs succursales, parmi lesquelles Saint-Étienne et Saint-Maurice tiennent le premier rang.

La plus ancienne et la fille aînée de Saint-Pierre, est l'église Saint-Étienne, bâtie à l'extrémité du marché (aujourd'hui la grand' place), non loin du château. Sa construction, qui remonte à 1027, est même antérieure à celle de la collégiale. L'autel de Saint-Étienne, avec le manoir qui en dépend, est attribué au chapitre dès sa fondation en 1066 (3).

L'église Saint-Maurice est la seconde succursale de Saint-Pierre. Située primitivement hors des murs, elle est plus tard, en 1243,

---

(1) V. le Ms. N.º 89 de la biblioth. de Lille, intitulé *Decanus*.

(2) Il est fait mention de ces dignitaires dans les actes des XI.e, XII.e et XIII.e siècles. Le prévôt (Fulcard) est indiqué dans la bulle de Grégoire VII, de 1074; l'écolâtre est rappelé dans plusieurs documents des XII.e et XIII.e siècles et une charte de la comtesse Marguerite de 1267, mentionne le doyen après le prévôt.

(3) L'église de Saint-Etienne, qui, comme on le sait datait du XI.e siècle, a été brûlée le premier jour du bombardement de 1792. (29 septembre.)

renfermée dans l'enceinte de la ville. Elle est aussi reprise dans l'acte de fondation de 1066, comme attribuée à Saint-Pierre.

6. — 1092. — *Raimbert, écolâtre de Lille, enseigne la dialectique.*
— Les membres du chapitre de Saint-Pierre, tout entiers à leurs fonctions, ne se bornent pas aux pieux exercices du culte ; ils s'appliquent à de fortes études et s'acquièrent de la réputation dans le monde savant. A cette époque, deux sectes rivales, celles des nominaux et des réalistes, se partagent l'enseignement de la scholastique. A la tête des nominaux brille Roscelin, chanoine de l'église de Saint-Corneille de Compiègne, qui se sert de la scholastique comme d'une arme puissante, pour étayer un système de philosophie dont il emprunte les éléments à Porphyre, à Boèce, à Raban-Maure, et à Jean-de-Chartres. Préconisant le système des nominaux, il prétend que toute idée générale, ou commune à une réunion d'êtres ou d'individus, n'est qu'une simple abstraction, sans existence réelle hors de l'intelligence de celui qui la conçoit. Ainsi, dans le genre humain il n'y a de réel, suivant lui, que les individus qui le composent. Le mot humanité, qui en indique l'ensemble n'est qu'un signe purement nominal, destiné à retracer dans la pensée les rapports existants entre les hommes qui vivent sur le même globe terrestre. Il en est de même d'une armée, d'un tribunal, d'une corporation quelconque ; les individus qui en font partie existent seuls dans la réalité, hors de là il n'y a qu'une abstraction de l'esprit. Cette théorie des nominaux trouve à Lille un habile et fervent interprète dans un écolâtre de la collégiale, nommé Raimbert. Sa doctrine, exposée avec érudition et talent, compte beaucoup d'adhérents ; et les nombreux auditeurs qui se pressent à son cours, donnent à l'école de Lille de la célébrité. Ce qui ajoute encore de l'attrait à ses leçons, c'est qu'à une faible distance de Lille, à Tournay, un autre professeur nommé Odon enseigne une doctrine tout opposée, celle des Réalistes, dont l'illustre Anselme (nommé en 1093 archevêque de Canterbury) était le plus fameux champion. On sait que ce système des réalistes, en opposition ou-

verte avec celui des nominaux, a pour but de prouver que les genres et les espèces ne sont pas de vains mots, des abstractions chimériques; le genre humain, par exemple, considéré dans son ensemble, comme un être collectif et moral, a quelque chose de commun que ne possèdent pas tous les individus très-différents entre eux. Les deux savants professeurs de Lille et de Tournay comptent chacun de leur côté un grand nombre de prosélytes; autant Raimbert apporte d'ardeur à faire prévaloir ses opinions, autant Odon se montre zélé à propager les siennes. De là entre les deux écoles une rivalité qui, pendant quelque temps, tient les esprits en suspens (1).

7. — *Renommée du chapitre de Lille.* — *Deux de ses membres sont élevés aux siéges épiscopaux d'Arras et de Térouane.* — Distingués par leur profond savoir, les chanoines de Lille le sont également par leurs éminentes qualités, par leurs vertus édifiantes, et par la considération qui s'y attache. En 1093, au moment où l'évêché d'Arras est rétabli, où il va être par conséquent procédé à l'élection d'un nouvel évêque, le chapitre d'Arras leur écrit la lettre suivante :

« Vous n'ignorez pas, nos très-chers frères, que jadis dépouillée de

---

(1)..... Sciendum tamen de eodem magistro (Odardo seu Odone) quod eamdem dialecticam non juxtà quosdam modernos in *voce*, sed more Boethii antiquorumque doctorum in *re* discipulis legebat : unde et magister Raimbertus, qui eodem tempore in oppido insulensi, dialecticam clericis suis in *voce* legebat sed et alii quàm plures magistri ei non parum invidebant et detrahebant, suasque lectiones ipsius meliores esse dicebant, quamobrem nonnulli ex clericis conturbati cui magis crederent hæsitabant.... *(V. Narratio restaurationis abbatiæ S. Martini Tornacensis auctore* HERIMANNO *abbate ejusdem monasterii;* dans *le spicilegium* de DACHERY, T. II, p. 889 de l'éd. in-f.º.) — V. au surplus l'Histoire littéraire de France, tome VII, p. 132, et au tome IX, p. 584, la notice sur Odon de Tournai; — M. GOETHALS, Histoire des Lettres en Belgique, Notice sur Odon ; — M. COUSIN, cours de 1829, et l'introduction aux œuvres d'Abélard, dans la collection des documents inédits sur l'histoire de France ; et notre Précis de l'histoire des institutions au moyen-âge, p. 129, 132 et 140.

ses domaines, de ses ornements et de tous ses honneurs terrestres, notre église, manquant de pasteur après la mort du seigneur Gérard, a invoqué la miséricorde du pape Urbain (II), et pleine d'anxiété, lui a fait part de son infortune. Le très-prudent pontife comprenant que le temps était arrivé d'avoir pitié d'elle, lui a annoncé qu'elle pouvait élire un évêque qui lui fût propre. En conséquence, nos très-chers frères, vous qui êtes nos plus proches par la charité, par l'amour de Dieu et par l'affection pour notre Mère la Sainte Église, nous vous prions et vous conjurons que pour cette élection, dont nous avons fixé le jour à dimanche prochain (10 juillet 1093), vous daigniez nous envoyer trois ou quatre de vos frères qui nous fournissent conseil et assistance pour une si grande affaire, et que parmi eux se trouvent sans aucune faute le seigneur de Clarembaut, le seigneur chantre Lambert et Lambert de Commines (1). »

Au jour désigné pour l'élection, Lambert de Guines, chantre de la collégiale, que recommande un mérite du premier ordre, est nommé évêque d'Arras, au milieu de la satisfaction générale; et malgré tous les obstacles apportés par l'église de Cambrai et par l'archevêque de Reims, il entre enfin dans l'exercice de ses fonctions (2).

Mis en possession de son siége en 1094, Lambert choisit pour archidiacres deux de ses anciens collègues, Clarembaut, chanoine de Lille, et Jean de Warneton, qui avait quitté la collégiale pour se retirer à l'abbaye de Saint-Éloi. Quelque temps après, Jean est promu à son tour au siége épiscopal de Térouane, sur lequel il déploie toutes les qualités d'un prélat éminent.

La collégiale de Saint-Pierre a ainsi tout à-la-fois le plaisir et l'honneur de voir deux siéges importants occupés par deux de ses anciens membres qui tous deux sont l'ornement de l'épiscopat.

---

(1) V. BALUZE, *Miscellanea*, t. V; — FERRI DE LOCRES, *Chronicon belgicum*, p. 238.

(2) V. BALUZE, *ibid.*; — FERRI DE LOCRES, *ib d. p.* 239 et suiv.; — MARTIN LHERMITE, histoire des Saints Ducs et Duchesses; — M. FRÉCHON, notice sur Lambert de Guisnes, dans les Mem. de la société des Antiq. de la Morinie, t. VI.

8. — *Principales possessions du chapitre de Saint-Pierre.* — *Sa puissance féodale.* — A l'illustration dont elle rayonne, la collégiale de Saint-Pierre joint ce qui, à toutes les époques, est une cause active d'influence et de crédit, c'est-à-dire, la richesse. Le chapitre de Saint-Pierre, en effet, indépendamment des oblations et des revenus qu'il recueille tant dans l'église même, que dans les succursales et les chapelles qui lui appartiennent, possède des domaines plus ou moins importants.

Parmi les terres qui lui sont dévolues figure en première ligne celle de Saint-Maurice (1). Cette terre qui lui est attribuée par l'acte même de fondation de 1066, s'étend depuis la grande chaussée de Fives jusqu'à l'âtre de Saint-Maurice. Elle se peuple progressivement d'habitants, auxquels le chapitre concède des manoirs ou portions ménagères, moyennant une faible redevance, et qui par suite reçoivent le nom d'hôtes de Saint-Pierre (*hospites sancti Petri*) (2). C'est ainsi que sous le patronage bienfaisant de la collégiale, ce quartier, qui sera un jour un des plus importants de la ville de Lille, se couvre d'habitations, et que se multiplient ces hôtes ou colons pour lesquels le titre de bourgeois de Lille doit être plus tard un juste sujet d'orgueil. Des deux côtés de la route, l'église exerce la haute, moyenne et basse justice et perçoit le tonlieu sur les marchandises. Elle nomme pour l'exercice de sa juridiction, des échevins seigneuriaux qu'elle prend où elle le juge convenable et qu'elle révoque à son gré, ce qui les distingue essentiellement des échevins communaux dont il sera question ultérieurement (3).

Une autre possession qui a aussi son importance est celle d'Arleux en Gohelle (4), que le chapitre, depuis sa fondation en 1066,

---

(1) On l'appelle aussi terre de Fins (*Fines*), parce qu'elle est située sur les *confins* de la ville et près de ses remparts.

(2) Cette qualification d'*hôte* adoucit ce qu'il y aurait d'humiliant dans le nom et la condition de serfs ou de vassaux. (V. notre Recueil d'actes en langue romane-Wallone, introd. N.º 128, p. CCXI.

(3) Voir notre recueil précité, introd. N.º 118, p. CC.

(4) Arrondissement d'Arras, canton de Vimy.

tient de la munificence de la comtesse Adèle, femme de Baudouin-le-Pieux. Sur cette terre se groupent également des habitations qui formeront dans la suite une partie du village d'Arleux (1). En 1263, une sorte de transaction vient régler les droits du chapitre de Saint-Pierre en ce qui concerne la nomination, la révocation et les devoirs du fournier d'Arleux, lequel est placé sous l'autorité des échevins du village (V. Recueil d'actes en langue romane-wallone, p. 254).

A ces richesses territoriales, l'église de Lille en joint successivement d'autres :

En 1096, Robert II, comte de Flandre, à la veille de partir pour la Terre-Sainte, lui donne la terre de Leskin (ou Lesquin) par un diplôme authentique.

Après des considérations sur cette vallée de larmes, sur les félicités de la demeure céleste et sur les bonnes œuvres nécessaires pour y parvenir, le comte ajoute :

« ..... Agissant donc par l'inspiration d'une admonition divine, promulguée par l'autorité du Saint-Siége apostolique, à la veille de partir pour Jérusalem, afin de délivrer l'église de Dieu, longtemps foulée aux pieds par de féroces nations, moi Robert, comte de Flandre, pour que le Dieu tout-puissant rendît efficaces les efforts de mon labeur, et que l'honneur de son nom fût porté et sanctifié au loin, j'ai, du consentement de mon épouse Clémence et de nos fils Bauduin et Guillaume, donné le domaine de Lesquin à l'église de Saint-Pierre, prince des apôtres, établie dans la ville de Lille, qui fut fondée par mes prédécesseurs. Ingelbert, seigneur de Cysoing, et Roger, châtelain de Lille, qui tenaient de moi ce domaine en fief devant m'accompagner à Jérusalem, me l'ont rendu libre de toute prestation, moyennant un retour que je leur ai donné. J'ai en conséquence remis et livré à ladite église sur la table du Seigneur, pour les usages des chanoines, ce domaine ainsi libéré, pour le posséder perpétuellement à titre d'alleu (2) ».

---

(1) C'était le Bas-Arleux. L'autre partie le Haut-Arleux était sous le pouvoir de l'évêque d'Arras.

(2) Ce diplôme est signé de plusieurs nobles seigneurs et témoins idoines parmi

Sur ces biens qui lui sont ainsi donnés à titre d'alleux en les dégageant de la hiérarchie féodale, l'église de Saint-Pierre exerce néanmoins des droits analogues à ceux des seigneurs. Tous les habitants lui paient une redevance et sont soumis à l'autorité des échevins nommés par le chapitre ainsi qu'il le juge convenable.

9. — *Autels conférés à la collégiale.* — *Bulle du pape Célestin II qui les confirme en 1144.* — Outre ses propriétés territoriales, le chapitre de Saint-Pierre acquérait d'autres biens et des revenus d'un genre différent, dont la source n'était pas toujours aussi complètement pure.

Pour assurer le service du culte dans les campagnes et se décharger du soin d'y pourvoir eux-mêmes, les évêques, moyennant une légère rétribution payable à chaque mutation de pasteur, conféraient aux collégiales et aux abbayes les cures ou autels des villages.

Ces collégiales ou abbayes conservant par-devers elles le titre et le bénéfice de la cure, en touchaient les produits et la faisaient desservir par un vicaire qui ne recevait qu'un très-modique traitement et représentait ainsi à peu de frais la *personne* du curé. C'est ce qu'on appelait un *personnat* (personatus).

Dans cet état de chose, à côté d'un avantage évident, celui de procurer aux campagnes les bienfaits de la religion, surgissait un abus très-grave, puisqu'on voyait des prélats et des églises spéculer en quelque sorte sur les choses saintes et puiser des ressources terrestres, des superfluités mondaines dans l'administration spirituelle.

Dans le siècle qui suit sa fondation, on voit le chapitre de Saint-Pierre acquérir successivement des évêques de Tournai un assez

---

lesquels, indépendamment d'Ingelbert, seigneur de Cysoing, et de Roger, châtelain de Lille, figurent Winemer, châtelain de Lillers, Wautier, châtelain de Douai, Walker, de Commines, Gérard, de Wasquehal, Robert de Larbrée, Amauri de Landast, et les deux frères Gérard et Étienne. (V. Aubert-le-M., t. III, p. 665.)

grand nombre d'autels ou bénéfices de ce genre. Ainsi en 1088, l'autel de Ghydts, près de Roulers ; en 1090, l'autel de Wervick (1), et dans le XII.ᵉ siècle, en 1101, les autels de Lomme, Lambersart, Frelinghien, Bousbecque, Halluin, Annappes et Lesquin ; en 1110 l'autel de Wambrechies ; en 1120, 1124 et 1132 les autels de Sequedin, de Capinghem, du Quesnoy et de Prémesques (2).

Dans l'intervalle, les concessions de ce genre déjà réprouvées par le concile de Clermont en 1095, avaient été condamnées aussi par l'archevêque de Reims. Aussi, en 1111, voit-on Lambersart de Guines, ancien chantre de Lille, et alors évêque d'Arras, conférer à son ancienne collégiale l'autel de Monchaux, mais comme le dit ce saint prélat sans exiger aucun lucre honteux (3).

En 1144, le page Célestin II, à la demande de Thierri d'Alsace, comte de Flandre, confirme toutes les possessions et tous les bénéfices ecclésiastiques de la collégiale de Saint-Pierre, tant ceux qui viennent d'être indiqués que d'autres acquis dans l'intervalle, notamment dans Lille et ses environs, l'autel de Saint-Étienne avec deux tiers de la dîme ; les autels de Saint-Maurice et de Saint-Sauveur ; les autels de Lesquin, de Wervick, d'Annappes, de Frelinghien avec deux tiers de la dîme ; les autels de Flers, de Marcq-en-Barœul, de Wambrechies, de Pérenchies, de Lompret, du Quesnoy, de Lambersart, de Lomme, de Sequedin, de Prémesques, de Capinghem, de Roncq, d'Halluin et de Bousbecque ; les autels de Lerbe, de *Huila,* de Ghydts, les deux tiers des dîmes de Deûlémont, de Wazemmes, de Roulers et le dixième de tous les revenus du comte de Flandre afférent à la ville de Lille ; dans l'évêché de Térouane, les autels de Flamberlinghes, de Dranoutre ; dans l'évêché d'Arras, l'autel de Monchaux (4).

---

(1) V. le cartulaire de Saint-Pierre déjà cité, et AUBERT-LE-M., t. III p. 664, t. I, p. 361.

(2) Voir le même cartulaire.

(3) V. même cartulaire et AUBERT-LE-M., t. I, p. 370.

(4) V. cartulaire de Saint-Pierre — et ROISIN, p. 223.

On voit par cette énumération combien les autels dépendants de la collégiale sont multipliés et combien ses revenus doivent être considérables.

On voit aussi que le nombre des succursales de Saint-Pierre s'est augmenté. Aux églises de Saint-Étienne et de Saint-Maurice, filles aînées de la collégiale, est venue se joindre celle de Saint-Sauveur, que l'accroissement de la population de la banlieue a rendue nécessaire. Sa fondation date du VII.e siècle sans qu'on puisse en indiquer l'époque précise. Cette nouvelle paroisse fut, comme celle de Saint-Maurice, renfermée en 1243 dans l'enceinte de la ville (1).

10. — *Crédit du Chapitre.* — *En 1115, Bauduin VII repentant lui rend un alleu.* — Tandis que les richesses du chapitre et ses revenus toujours croissants, composent de la sorte une fortune colossale, il voit se développer en même temps son crédit et son influence. Parmi les biens affectés à la collégiale figurait un alleu situé dans le territoire d'Aix-la-Chapelle et nommé le domaine de Valls (2). Un des successeurs de Bauduin V (de Lille), Bauduin VII (à la hâche), trouvant cette terre à sa convenance s'en était emparé. Mais le chapitre ne tarda pas à en obtenir la restitution. Sur les représentations adressées au comte par les saints évêques de Térouane et de Tournai, ce puissant souverain de la Flandre, ce justicier inflexible qui faisait jeter dans des chaudières d'eau bouillante, ou pendre en sa présence les chevaliers spoliateurs, fléchissant sous la main de la religion, reconnut humblement sa faute et manifesta son repentir par l'acte suivant :

« Moi Bauduin, par la miséricorde divine, comte de Flandre, je reconnais par la grâce de Dieu avoir péché et avoir très-mal agi contre Dieu et l'église de Saint-Pierre de Lille. Un alleu en effet, que mon véné-

---

(1) Elle comprenait tout l'espace où furent plus tard les rues de Fives, de Saint-Sauveur, du Curé, du Croquet, etc.

(2) Ou de Vaux, en latin, *Valles*; en allemand, *Wallen*.

rable prédécesseur le comte Bauduin (V), fondateur de cette église, et qui y a reçu la sépulture, a octroyé à ladite église pour la rémission de ses péchés, tant en l'honneur et pour le service de Dieu que pour l'entretien des chanoines, et dont il a confirmé la donation par son privilége, a été injustement, ainsi que je l'ai avoué, soustrait par moi, pécheur contre Dieu et contre le salut de mon âme.

» Aujourd'hui donc éclairé par la miséricorde divine en présence des vénérables pères, Jean, évêque de Térouane et Lambert, évêque de Noyon et de Tournai, je confesse avoir péché en cela et en d'autres choses ; je reconnais ma faute et restitue à ladite église son droit, c'est-à-dire, le susdit alleu qui est dans la bourgade de Valls, au territoire d'Aix-la-Chapelle. Et désormais je ne me porterai garant de sa possession envers personne d'autre.

» Je prie aussi mes successeurs et mes fidèles de faire avec l'aide de Dieu tous leurs efforts pour que cette église rentre dans son droit et recouvre cet alleu quitte et libre.

» Et moi Charles, parent et héritier du comte Bauduin, je reconnais pour juste, je concède et confirme en sa présence la disposition qui précède (1).

11 — *Les barons de la terre déclarent que les chanoines de Saint-Pierre ont le droit d'exiger de leurs hôtes ou vassaux des subsides pécuniaires comme les autres seigneurs.* — Investis d'une puissance temporelle en même temps que d'une autorité religieuse, les chanoines de Saint-Pierre exerçaient sur leurs hôtes ou vassaux tous les droits que les coutumes féodales du temps attribuaient aux seigneurs. En 1128, pressés par un besoin d'argent, ils demandèrent à leurs sujets des subsides pécuniaires. Mais suivant la tendance qu'avaient alors les populations à secouer le joug seigneurial, les hôtes de l'église allèrent trouver le comte de Flandre et obtinrent de ne rien payer. Le chapitre réclama énergiquement. Il invoqua l'intervention de l'évêque de Térouane, qui prononça ainsi qu'il suit :

---

(1) Cartul. de Saint-Pierre. — AUBERT-LE-M. t I, p. 83.

« Moi Jean, par la grâce de Dieu, évêque de la Morinie. Les prêtres du clergé de Lille, forcés par une extrême pénurie de leur église, ayant selon l'usage des autres seigneurs demandé des subsides aux hôtes de leur église, ceux-ci sont allés trouver le comte de Flandre, Guillaume-le-Normand, et ont obtenu de lui qu'il défendît au clergé de rien exiger et aux hôtes de rien payer.

» Les clercs craignant que l'ancienne liberté de leur église ne fût restreinte par cet acte exorbitant, ont sollicité le roi des François, Louis (VI) et l'archevêque de Reims, Raimond ; ils lui ont mis sous les yeux les priviléges émanés du Saint-Siége et de l'autorité royale, et les ont suppliés de réprimer ce tort fait à l'église.

» Le roi et le prélat, vu la teneur des priviléges, réprouvèrent le fait du comte, et lui écrivirent pour qu'il se désistât de cette injuste décision.

» En conséquence, au jour fixé, lorsque sur l'invitation à nous adressée par l'archevêque, nous étions présent, l'affaire a été débattue en face de l'une et de l'autre des parties, et il a été décidé par le commun jugement des barons de la terre que les chanoines de Lille avaient sur leurs hôtes le même pouvoir que les autres seigneurs du comté sur les leurs.

» Le comte ainsi convaincu publiquement par la raison et la justice, reconnut le droit de l'église.

» Fait à Lille, en présence du clergé de Saint-Pierre, l'an 1128 (1) ».

12. — 1092-1209. — *Plusieurs seigneurs affranchissent des serfs en les offrant à la collégiale.* — Les hôtes ainsi placés sous la tutelle de la collégiale n'auraient pourtant pas dû se montrer ingrats, car c'était à elle en général qu'ils devaient la liberté. Un des rayons les plus brillants de la couronne de l'église, une de ses gloires les plus pures est d'avoir travaillé sans relâche à l'abolition progressive du servage. D'après le dernier état de la législation romaine et suivant plusieurs constitutions impériales, l'affranchissement des esclaves pouvait s'accomplir par oblation à l'église. Aux XIe et XIIe siècles, nous voyons ce mode d'émancipation encore fréquem-

---

(1) Cet acte est passé devant plusieurs témoins ecclésiastiques et laïcs. (V. Cartul. de St.-Pierre. — AUBERT-DE-M. t. I, p. 684.)

ment pratiqué. Ainsi, en 1092, Radebond de Rumes offre à Saint-Pierre une femme serve avec plusieurs de ses enfants et les déclare quittes de toute servitude, moyennant une modique redevance à payer au chapitre. Plusieurs autres seigneurs imitent cet exemple et entre autres, en 1209, un seigneur de Comines, dans l'acte suivant :

« Moi Bauduin, seigneur de Comines, mon fils Bauduin-le-Jeune, châtelain d'Aire ; à tous présents et à venir, voulons faire savoir que nous avons donné en aumône, pour le salut et la guérison de nos âmes et de celles de nos prédécesseurs et même de nos successeurs, à l'église de Saint-Pierre de Lille, Mabile de Roncq et ses cinq filles, et que nous les avons déclarées quittes et libres de toute servitude et entièrement exemptes. Celles-ci néanmoins, ainsi que leurs enfants nés et à naître, sont tenus de payer pendant leur vie à la susdite église, deux deniers annuellement. A leur mort il sera payé douze deniers..... » (1).

13. — *Philippe-Auguste confirme en 1202, par un nouveau diplôme, la fondation et les biens de l'église Saint-Pierre.* — La prospérité toujours croissante de la collégiale fut momentanément arrêtée par les débats et les hostilités qui éclatèrent entre le roi de France et les comtes de Flandre. Toutefois en 1202, le chapitre s'adressant au roi Philippe-Auguste par l'intermédiaire de Marie de Champagne sa nièce, sollicite de ce monarque la confirmation de ses privilèges. Toujours prompt à déployer son autorité dans les grands fiefs de la couronne, le roi s'empresse d'accéder à cette demande. Après avoir dans un diplôme, reproduit et confirmé l'acte de fondation de 1066, ce prince ajoute :

« Afin que cet acte obtienne une stabilité perpétuelle, nous (Philippe, roi des François), à la demande de notre très-chère nièce et féale Marie, comtesse de Flandre et de Haynaut, aux lieu et place de son mari le comte

(1) Buzelin, *Gallo-Flandria*, p. 532. — Aubert-le-M., t. I, p. 570.

Bauduin (IX), qui l'a chargée de ses pleins pouvoirs pendant son voyage à Jérusalem, et aussi sur la demande de ladite église de Saint-Pierre, renouvelant la concession authentique émanée, tant dudit Bauduin (V), comte et marquis de Flandre, que du roi Philippe notre ancêtre, nous avons solennellement confirmé ledit acte, et avons fait corroborer la présente page (*præsentem paginam*), de l'autorité de notre scel et de l'empreinte de notre seing royal apposé ci-dessous. (Aubert-le-M., T. III, p. 674. — Roisin, p. 228.)

14. — *Guerre entre la France et la Flandre.* — *Captivité du comte Ferrand à la suite de la bataille de Bouvines en 1214.* — *Somme fournie par le chapitre pour subvenir à sa délivrance.* — Depuis longtemps l'ancienne antipathie entre la Flandre encore barbare et la France déjà civilisée paraissait sommeiller. Mais une violente animosité ne tarda pas à éclater. Tout-à-coup l'orage qui grondait dans le lointain vint se déchaîner avec fureur sur toute la Flandre, qu'il couvrit de sang et de ruines. En 1213, Philippe-Auguste envahissant la Flandre-Wallonne avec une puissante armée, pénètre jusqu'à Lille par un audacieux coup de main et livre cette ville aux flammes. En 1214, la sanglante défaite de Bouvines met le comble à ces désastres (1).

L'infortuné comte de Flandre, Ferrand, conduit prisonnier à Paris, resta pendant de longues années enfermé dans la tour du Louvre. La pieuse Jeanne, son épouse, s'armant de résignation et de courage, prit en main le gouvernement, et dans ces tristes circonstances, le dirigea avec habileté.

Constamment appliquée à obtenir la délivrance de son mari, elle fit appel à plusieurs reprises à la générosité de ses sujets. En 1221, le chapitre de Saint-Pierre lui fournit dans ce but et en pur don, une somme de trois cents livres, ce qu'elle reconnut par l'acte que voici :

---

(1) V. Mémoire sur la bataille de Bouvines, par Lebon, avec les autorités qu'il cite.

« Moi Jeanne, comtesse de Flandre et de Haynaut, fais savoir à tous que le chapitre de Saint-Pierre de Lille m'a donné trois cents livres de monnaie de Flandre pour le rachat de mon très-cher époux Ferrand, comte de Flandre et de Haynaut.

» Il est à savoir que les chanoines m'ont fait ce don, non par l'effet de quelque droit de ma part, mais expressément pour Dieu et en vue de Dieu, et qu'à l'occasion de ce don, ils ne peuvent à l'avenir être assujettis à une prestation quelconque. » (AUBERT-LE-M., T. III, p. 677.)

15. — *Le chapitre de Saint-Pierre donne un fonds de terre pour l'établissement des Dominicains.* — Vers la même époque s'élevaient dans le sein de l'Église de nouveaux ordres religieux, animés pour la foi du zèle le plus vif et le plus désintéressé. Parmi ces nouvelles congrégations figurait avec éclat celle de Saint-Dominique. Les membres de cet ordre, désignés sous le nom de Frères-Prêcheurs, étaient vus de bon œil et accueillis avec empressement par les chanoines qu'ils remplaçaient avec ardeur dans les prédications, et dont ils devenaient les laborieux auxiliaires.

En 1224, peu de temps après leur établissement en France, les Dominicains, nommés aussi Jacobins, parce que l'Université de Paris leur avait cédé l'église de Saint-Jacques, envoyèrent à Lille une colonie religieuse. Le chapitre de Saint-Pierre leur donna généreusement un fonds de terre pour ériger un couvent qui fut bâti au faubourg de Saint-Pierre.

C'est ainsi que la première maison de Dominicains dans le Nord de la France fut fondée à Lille sous le patronage tutélaire de la collégiale dont l'influence s'étendait sur toute la ville.

16. — *État florissant de la collégiale de Saint-Pierre au commencement du XIII.ᵉ siècle.* — Si nous nous arrêtons ici un moment pour jeter un coup-d'œil rétrospectif sur l'histoire de la collégiale de Lille depuis sa fondation en 1066, nous la voyons au commencement du XIII.ᵉ siècle parvenue à un merveilleux apogée de splendeur et de puissance. Jusque-là, en effet, elle n'a cessé de grandir et de s'élever aux divers points de vue de son autorité religieuse et ecclésiastique, de son influence intellectuelle et morale, de sa puissance féodale, de sa consistance et de ses richesses.

I. Comme corps ecclésiastique, le chapitre se présente aux regards environné des respects empressés et de la considération éminente que commandent son caractère sacré et la puissance religieuse dont il est investi. Cette autorité se déploie non-seulement dans la collégiale même soumise à ses lois immédiates, mais aussi sur les succursales et les chapelles dont il nomme les curés et les desservants. Prêtres et laïques, clercs et moines, tous montrent une profonde vénération, une obséquieuse déférence, pour les chanoines qu'ils honorent après l'évêque comme leurs pères spirituels, comme les représentants supérieurs de J.-C. Les insignes dont ils sont revêtus, leur aumusse de fourrure, le camail qui les distingue, les honneurs qu'on leur rend, ajoutent encore à la soumission qu'ils inspirent.

II. Sous le rapport intellectuel et moral, les chanoines sont en possession d'une prééminence que nul ne leur conteste. Congrégation savante et studieuse, ils sont les dépositaires éclairés de cette vaste doctrine qui illustre l'Église au moyen-âge. Toutes les branches de connaissances qui constituent la science de *clergie*, leur sont plus ou moins familières. Ils pratiquent tout à-la-fois la théologie qui semble les rattacher à Dieu même, la législation canonique, véritable clef des institutions de l'Église, la dialectique aux mille formes, avec ses subtilités merveilleuses et ses raisonnements qui enlacent, toutes sciences dont les profondeurs et les mystères accroissent l'importance aux yeux du vulgaire. Les lettres qu'ils étudient et dont ils propagent la culture dans les écoles soumises à leur surveillance, complètent leur couronne de savoir et d'érudition. A leur mérite intellectuel se joint leur supériorité morale. Par leur abnégation, leurs austérités, leurs bons exemples, ils édifient les fidèles, et la renommée de leurs vertus se répand au loin comme un parfum odorant. Aussi dans les grandes circonstances, les autres chapitres d'alentour, même les chapitres épiscopaux s'empressent-ils de les consulter et d'invoquer leur assistance (voir ci-dessus, N.º 7).

III. Dans l'ordre féodal, le chapitre de Saint-Pierre est encore investi d'une puissance étendue. Les chanoines ne dominent pas seulement par leur autorité religieuse, par leur ascendant intellectuel et moral; ce sont en outre de hauts seigneurs vicomtiers et fonciers auxquels sont subordonnés de nombreux vassaux et sujets. Ils ont sous leurs ordres des mayeurs et échevins, des officiers de justice, des collecteurs, des préposés de tous genres, qui régissent les quatre grands fiefs de Saint-Maurice, Lesquin, Arleux (en Gohelle), et Valls, sans parler de beaucoup d'autres terres de moindre importance. C'est dans ces vastes domaines, c'est surtout dans la terre de *Saint-Maurice* ou de *Fins* que grandissent paisiblement ces générations nouvelles qui viendront retremper et accroître la bourgeoisie lilloise. Habituées à rompre la terre, fortifiées sans cesse par les rudes travaux des champs, multipliées par des unions fécondes, ces races roturières, robustes et vigoureuses viendront avec avantage fournir à la population urbaine un utile complément de force et d'énergie. Ce quartier de Saint-Maurice, qui, à partir de *la rivierette de le Saulx*, dont les eaux baignent le pied du rempart, s'étend d'un côté jusqu'au Ban-de-Wedde et à la chaussée ou rue de Fives, et de l'autre jusqu'au bout de la rue de Saint-Maurice ou de Roubaix, voit chaque jour s'augmenter le nombre de ses habitants, qui s'estiment heureux de trouver protection et sûreté sous le patronage inviolable de l'Église.

Pour l'exercice de l'autorité féodale de Saint-Pierre, le prévôt du chapitre est muni de pleins pouvoirs. Représentant extérieur et politique de la collégiale, c'est lui qui est chargé de toutes les relations, de tous les soins qui se rattachent à la vie féodale; c'est lui qui remplit envers le prince les devoirs dont est tenu le chapitre; c'est lui qui reçoit les hommages, renouvelle les concessions seigneuriales et recueille les droits et prestations auxquels les fiefs sont assujetis.

IV. A cette importance féodale de Saint-Pierre et comme pour en rehausser l'éclat, se joignent les richesses qui, à toutes les époques, sont le nerf de la puissance. Les revenus des vastes possessions territoriales, les redevances payées par les hôtes, les tonlieux, les reliefs et droits féodaux, les bénéfices ecclésiastiques, les produits des autels sont autant de sources abondantes qui viennent se déverser dans le large trésor du chapitre.

Toutefois cette collégiale si considérable, qui prédomine de si haut par son pouvoir et son influence; qui, après le comte de Flandre, tient sans contestation le premier rang dans Lille, va voir s'élever en face d'elle une puissance rivale, qui, modeste d'abord, mais pleine de vitalité et d'avenir, va grandir avec une merveilleuse rapidité : c'est la commune.

17. — *Pouvoir nouveau qui s'élève en face de la Collégiale, la Commune.* — Au XII.ᵉ siècle, les peuples opprimés par les seigneurs d'une part, et d'un autre côté les princes dont le système féodal paralysait l'autorité, avaient un égal intérêt à combattre ce régime odieux. De là les efforts que multipliaient les uns et les autres pour en secouer le joug, les peuples en se coalisant contre leurs tyrans ; les souverains, en s'armant de toute leur énergie, pour ressaisir leurs prérogatives usurpées. Philippe d'Alsace, soutenu à cet égard par le concours de ses sujets, surtout par l'appui des habitants des villes, marcha dignement sur les traces de ses prédécesseurs. Doué d'un caractère ferme, il ne négligea rien pour tenir les seigneurs en respect et abaisser leur puissance. Non content de mettre un terme à leurs menées turbulentes, de réprimer leur esprit séditieux, il s'appliqua à miner sourdement leur pouvoir. Or, parmi les soutiens de ce pouvoir, il n'en était pas de plus nuisibles aux princes et aux peuples que les offices héréditaires, soustraits par leur nature à tout contrôle efficace, et souvent exploités dans un intérêt égoïste et cupide. Philippe d'Alsace s'attacha à les amortir et à les éteindre. Au nombre de ces offices héréditaires, figuraient les charges de mayeur, ou mairies féodales, généralement fort mal vues. A Lille, ainsi que nous l'avons vu plus haut (N.º 1), il exis-

tait depuis longtemps une mairie de ce genre transmise par voie d'hérédité dans la même maison. A la fin du XII.e siècle, elle avait singulièrement perdu de son crédit et de son autorité. La bourgeoisie lilloise formait alors une population riche et influente qui en 1184, lorsque la guerre menaça d'éclater entre la France et la Flandre, mettait sur pied de nombreuses phalanges (1). Ces Wallons pleins de fierté, voyaient avec peine leur première magistrature dévolue comme un meuble de famille, possédée tantôt par une femme, tantôt par un enfant. En 1185, soit que cette maison se fût éteinte, soit que l'office fut racheté et amorti, avec le concours du prince qui, peut-être, voulait récompenser les Lillois de leur dévouement de l'année précédente, la mairie féodale prit fin : « chy fina, dit une vieille chronique, la mairye a Lille » (2). Quoique fort simple en apparence, ce fut un fait considérable et fort grave par ses conséquences, que cette abolition de la mairie héréditaire ; ce qui permettait de reconstituer la commune sur de nouvelles bases et de substituer en même temps des échevins communaux temporaires et comptables, aux anciens échevins seigneuriaux, permanents et sans responsabilité envers la ville. Cette reconstitution porta dans Lille un coup mortel à l'organisation féodale et ouvrit pour la localité une ère nouvelle. Aussi longtemps en effet qu'avait duré le régime purement féodal, la bourgade groupée autour du château n'avait point d'existence légale, ne possédait pas d'autorité qui lui fût propre. Humble vassale courbée sous le joug du châtelain et du mayeur, elle s'identifiait en quelque sorte avec son seigneur et maître, ou plutôt avec le fief même dont il était investi; car les hommes de la terre, attachés au sol qui les portait, n'en

---

(1) Voy. GUILLAUME-LE-BRETON, *Philipp de*, chant. II et notre mémoire sur l'Affranchissement des communes, p. 157.

(2) V. Chronique de Flandre du commencement du XIV.e siècle, publiée par M. BUCHON, p. 613 (Collection du Panthéon). Cet événement date de 1185 et non de 1195, comme l'ont cru FRANÇOIS PIETIN, et après lui BUZELIN, dans ses *Annales Gallo-Flandricæ*, p. 253.

étaient, pour ainsi dire, que les accessoires vivants. Sous ce rapport, sans doute, les bourgeois des villes n'étaient pas mis sur la même ligne que les roturiers des campagnes; ils possédaient d'ancienne date des coutumes et quelques franchises (1). En résultat néanmoins, ce n'étaient que des vassaux renfermés dans une enceinte fortifiée. Mais par suite de l'abolition de la mairie féodale, et de la création de nouveaux échevins pris parmi les habitants, la commune arrive à la vie ; elle acquiert tout à la fois une existence politique et civile. Dans l'ordre politique, représentée par des magistrats tirés de son sein et pénétrés de son esprit, elle agit, gouverne, réglemente, fait la guerre, juge et punit. Dans l'ordre civil, elle constitue un être moral et collectif qui possède, acquiert, administre son avoir et ses biens. La commune, en un mot, c'est le peuple personnifié, exerçant son autorité par voie d'action immédiate et gouvernant sa fortune soit par lui-même, soit par l'organe de son magistrat. Sa puissance se manifeste non par une sorte d'inspiration instinctive, telle qu'elle résulte du suffrage universel dans une vaste circonscription, mais par une intervention continuelle, et pour ainsi dire à bout-portant, dans ses propres affaires. C'est le peuple souverain dans la véritable acception du mot.

Nous n'avons plus aujourd'hui de renseignements complets sur les éléments qui composent la commune de Lille sitôt après l'abolition de la mairie féodale en 1185. Nous pouvons croire néanmoins qu'il y eut dès cette époque des échevins communaux choisis uniquement parmi les bourgeois et présidés par un de leurs collègues désigné sous le nom de mayeur ; qu'il y eut en même temps des jurés ou bourgeois assermentés pour assister les échevins dans l'exercice de leurs fonctions. Dès le commencement du XIII.e siècle, on voit déjà, en effet, ces personnages en action. Peut-être aussi le reward de l'amitié *(respector amicitiæ)* existait-il déjà, ou quelque

---

(1) V. notre mémoire précité sur l'Affranchissement des communes, p. 115, et suiv.

autre officier temporaire et révocable chargé du pouvoir exécutif dans la commune (1).

18. — *Commune de Lille au commencement du XIIIe siècle.* — Dès l'ouverture du XIIIe siècle, la commune de Lille paraît complètement constituée avec ses échevins, ses jurés et ses bourgeois privilégiés ; ainsi :

En 1202, avant son départ pour la Terre-Sainte, le comte Baudouin, depuis empereur de Constantinople, s'adressant à ses *affectionnés échevins, jurés et bourgeois de Lille,* renonce au privilége dont ses prédécesseurs et lui avaient joui jusqu'alors de ne payer le vin dans tous les lieux de la Flandre où ils se trouveraient que trois deniers le lot (ou *double litre*) ; il déclare abolie cette coutume inique et vexatoire et veut qu'à l'avenir lui et ses successeurs paient le vin au prix qui sera reconnu raisonnable par des hommes probes ou par les échevins ;

En 1218, la comtesse Jeanne, voulant favoriser ses bourgeois de Seclin, ne croit pouvoir rien faire de plus utile pour eux que de leur accorder les lois et les libertés dont jouissent les bourgeois de Lille ;

En 1226, la même comtesse Jeanne, pour garantie du traité qu'elle vient de passer avec la cour de France, afin d'obtenir la liberté de son mari le comte Ferrand, fait prisonnier à Bouvines en 1214, déclare que d'après son consentement les bourgeois, échevins et toute la commune de Lille, ont donné assurance à Louis IX, roi de France, à la reine Blanche, sa mère, et à ses enfants, que si elle contrevenait à ce traité, les échevins et bourgeois ne lui devraient aucune assistance.

En 1233, les échevins et les jurés, de concert avec le conseil de la ville, décident que nul lépreux ou lépreuse ne pourra être reçu

---

(1) Dès 1188, il existait à Aire un fonctionnaire analogue, nommé le préfet de l'Amitié (*Præfectus am'citiæ*). Voir la charte de cette commune de 1188 ; — et notre mémoire déjà cité, p. 174.

dans la maladrerie de Lille, s'il n'est bourgeois, bourgeoise, ou enfant de bourgeois ou de bourgeoise de cette ville.

Mais ce qui est plus remarquable, c'est qu'en 1230, la commune déjà indépendante transige de sa propre autorité avec le chapitre de Saint-Pierre sur des difficultés élevées au sujet de la construction d'une muraille se dirigeant de la porte dite des rues, vers le rivage de la Basse-Deûle :

« Nous échevins et jurés et toute la communauté de la ville de Lille, porte cet acte, savoir faisons à tous ceux qui ces présentes lettres verront, que comme l'église de Lille aurait construit un mur pour l'utilité commune du cloître (des chanoines) et de la ville, depuis la porte vulgairement nommée *Porte des Rues*, jusqu'à la paroi en pierre de la maison de maître Gilles de Bruges, chanoine de cette église, nous sommes de notre côté tenus de faire à nos dépens l'autre partie de ce mur, d'après la hauteur, l'épaisseur et la qualité de la partie construite par l'église, etc. »

19. — *Réorganisation des institutions communales en 1235. — Charte de la comtesse Jeanne.* — Jusque-là néanmoins les institutions communales de Lille, quoique pleinement consacrées en fait et en droit par une mise en pratique constante et par des actes réitérés, n'avaient point encore d'organisation formellement reconnue par une loi expresse. Quelques parties étaient défectueuses; la paix publique n'était pas suffisamment garantie et à certains égards les intérêts de la ville restaient en souffrance. En 1235, afin de pourvoir à tous les besoins *pour la paix et l'utilité de la ville*, intervient une sorte de charte fondamentale octroyée et créantée par la comtesse Jeanne avec *l'assentiment des échevins, des jurés et de toute la commune* (1).

D'après cette charte, la comtesse ou son délégué doit chaque

---

(1) Noverit universitas vestra quod nos scabinis juratis totique communitati villæ insulensis pro *pace et utilitate ejusdem villæ*, concessimus et creantavimus *de consensu et voluntate eorumdem scabinorum, juratorum, totiusque communitatis, etc.*

année à la Toussaint et par le conseil des *quatre prêtres paroissiaux* (de Saint-Pierre, Saint-Étienne, Saint-Maurice et Saint-Sauveur) élire *parmi les bourgeois de la ville*, douze échevins probes et capables dont les fonctions sont *annuelles*. A la requête de ces magistrats, les quatre doyens des paroisses élisent huit répartiteurs, chargés d'asseoir la taille et l'impôt.

Quand le seigneur de la terre a fait les douze échevins, ceux-ci choisissent quatre *voir-jurés* (veros juratos) destinés à les aider dans certaines parties de leurs fonctions et le reward de l'amitié, premier administrateur de la ville. De plus, les douze échevins après les quatre *voir-jurés* et le reward choisissent parmi les bourgeois huit autres jurés, pour compléter le conseil de la commune qui se compose ainsi de vingt-cinq personnes (1).

Les quatre prêtres paroissiaux ci-dessus désignés sont en outre chargés de nommer cinq pacificateurs ou apaiseurs, dont le devoir est de faire cesser les inimitiés mortelles et toutes autres de la ville de Lille (2).

Dans cette intervention des curés des paroisses, on reconnaît d'une part l'union étroite des institutions religieuses et des institutions civiles au moyen-âge, et de l'autre la puissante influence de la collégiale de Saint-Pierre et de ses trois succursales, Saint-Étienne, Saint-Maurice et Saint-Sauveur. C'était là comme un souvenir de l'ancien régime municipal romain, où le prêtre *(curio)* exerçait à la fois une autorité religieuse et civile. (V. ci-dessus, N.º 1.)

20. — *Sentence arbitrale relative à des contestations entre le comte de Flandre et le chapitre de Saint-Pierre.* — Indépendam-

---

(1) C'est-à-dire les douze échevins, le reward, quatre *voir-jurés* et huit jurés simples.

(2) Debent etiam quatuor dicti presbyteri parochiales probos viros quinque nominare super ordines eorum, quos ad hoc meliores et utiliores crediderint esse, qui mortales inimicicias et omnes alias villæ insulensis concordent, etc. Cette charte de 1235 et les précédentes se trouvent dans le ROISIN, publié par M. BRUN LAVAINNE, p. 228 et suivantes.

ment du châtelain dont les droits demeurent réservés, les trois pouvoirs supérieurs désignés dans la charte de 1235, le comte représenté par son bailli, la collégiale, la commune prédominent donc dans la ville de Lille. Mais entre ces puissances constamment en contact, dont les attributions et les intérêts se heurtent fréquemment, la paix ne règne pas toujours, et de regrettables conflits viennent susciter parmi elles des débats opiniâtres. Un des principaux sujets de difficultés sans cesse renaissantes, est ce quartier de Saint-Maurice sur lequel chacune de ces trois puissances prétend déployer son action et son autorité. Tantôt, c'est entre le comte et la collégiale, tantôt entre la collégiale et la commune que surgissent les contestations. En 1241, des débats s'étaient élevés entre le comte et la comtesse de Flandre Thomas et Jeanne d'une part, et le chapitre de Saint-Pierre de Lille d'autre part, sur l'exercice de la juridiction dans la paroisse Saint-Maurice. Une sentence arbitrale vient y mettre un terme. Voici la substance de ses principales clauses :

I. Les domaines de Saint-Pierre situés dans la paroisse de Saint-Maurice et les hôtes de l'Église qui y demeurent seront exempts de toute autorité de la part du comte, de la comtesse ou de leurs successeurs.

II. Toutefois les bourgeois qui habitent cette paroisse, serviront comme les bourgeois de Lille dans l'armée du comte. Ils paieront les mêmes tailles que ceux-ci.

III. Ils ne seront pas plus qu'eux soumis à la maletote et ne supporteront pas d'autres charges.

IV. Les hôtes de l'église reconnus bourgeois acquitteront les mêmes droits que ceux de Lille. Seront réputés bourgeois ceux que les échevins de Lille auront déclarés tels sous leur échevinage.

V. En cas de refus de leur part de remplir leurs obligations, ils y seront contraints par la justice de Saint-Pierre légalement requise.

VI. Quand des bans ou ordonnances du comte seront publiés dans Lille, l'église de Saint-Pierre les fera publier et observer dans les limites de Saint-Maurice.

VII. L'église laissera au ministre du comte l'exécution des jugements portant peine de mort, mutilation ou flétrissure. Les autres jugements seront exécutés à la diligence du prévôt de Saint-Pierre. (AUBERT LE MIRE, *opera diplom*, T. III, page 589).

On voit par cet acte que la Collégiale conserve son droit de juridiction sur Saint-Maurice et des attributions assez étendues. Mais ces prérogatives ne tarderont pas à lui être disputées par la Commune, qui, ainsi que nous le verrons plus tard, finira par s'en emparer.

21. — *Arsin fait à Quesnoy sur la maison d'un hôte de Saint-Pierre qui avait blessé un bourgeois de Lille.* — Si le comte de Flandre se montrait opiniâtre dans ses prétentions contre le chapitre, les bourgeois de Lille, de leur côté, n'étaient pas moins rigoureux dans leurs exigences. Un paysan de la Forbiecke, paroisse de Quesnoy-sur-Deûle, nommé Jean, fils d'Aëlis de la Houssière, hôtesse ou vassale de Saint-Pierre, avait blessé grièvement un bourgeois de Lille. Suivant un singulier usage qui rappelle des mœurs encore barbares, lorsqu'un bourgeois de Lille était offensé, la commune prenait fait et cause pour lui, et se prévalant d'un terrible droit de représailles, allait avec un grand déploiement de force et d'appareil, incendier solennellement la maison du coupable (1). La

---

(1) Ce droit de la ville, consacré par un usage immémorial, s'appelait le privilége de l'arsin. Roisin nous en a conservé les formalités : Lorsqu'on apprenait qu'un bourgeois avait été battu, blessé ou tué par quelqu'un qui avait une maison dans la châtellenie, le reward devait faire une enquête de concert avec le bailli du comte ou son délégué. Si le délit était constaté, on prenait les bannières et on criait le ban ordinaire pour que tous les bourgeois et les manants vinssent avec le reward et le conseil, exercer la vengeance de la ville. — Après qu'on avait requis le bailli de faire ce qu'il devait envers la franchise de la commune, la cloche du ban et la petite cloche devaient sonner trois fois, de telle sorte qu'avant la fin de la troisième fois, les dernières bannières fussent sorties de la ville. Et toute cette troupe devait marcher en bon ordre paisiblement sans que personne s'écartât des bannières. Arrivé à la maison du malfaiteur, le bailli ou le prévôt, son délégué, devait l'appeler par trois fois à haute voix pour qu'il vînt amender son forfait. S'il venait, on devait le recevoir et le

commune de Lille, usant impitoyablement de ce privilége, alla à bannières déployées, brûler la maison habitée par Aëlis et son fils Jean. Inflexible dans sa vengeance, elle n'eut d'égard ni pour la triste situation d'une mère, innocente des torts de son fils, ni pour l'éminente dignité du chapitre dont Aëlis était la vassale. Les chanoines, profondément choqués d'une telle conduite, se plaignirent vivement. Comme c'était le prévôt du bailli de la comtesse qui avait dirigé l'expédition de l'arsin, les chanoines réclamèrent d'abord auprès de cette pieuse princesse, qui, par lettres de 1248, s'empressa d'ordonner la réparation du dommage à ses frais. Dans un appointement de la même année 1248, les échevins, de leur côté, déclarèrent que, nonobstant cet arsin, les parties demeureraient dans l'état où elles étaient auparavant. Les chanoines, peu satisfaits de cette déclaration, adressèrent au page Innocent IV, alors à Lyon. Le Souverain Pontife écrivit, en 1250, à Wautier de Marvis, évêque de Tournai, pour que le chapitre de Lille n'eût plus désormais à souffrir de cet usage barbare. Mais les soins et les démarches de ce prélat demeurèrent sans succès et les choses en restèrent là. (Voyez ci-après N.° 29).

22. — *Difficultés élevées dans le sein même du chapitre entre le prévôt et les autres chanoines.* — *Sentence arbitrale à ce sujet.* — Le XIII.° siècle, après la renaissance du droit romain, était essentiellement formaliste et d'humeur fort processive (1). On y poussait jusqu'à l'extrême la manie de discussion, et les moindres intérêts

---

ramener en ville pour le faire juger par échevins. Mais s'il ne se présentait pas, le bailli devait mettre ou faire mettre le feu à sa maison et brûler et raser tout ce qu'il y avait sur son terrain avant que la commune ne répartît. Cette exécution faite, on publiait le ban que chacun eût à se retirer sans rien emporter et en suivant les premières bannières. (V. Roisin, publié par M. Brun-Lavainne, p. 4 et suiv.; —Vander-Haer, les Chastelaines de Lille, liv. I, p. 141 et suiv.; — M. Le Glay, de l'arsin et de l'abattis de maison. (Bull. de la Comm. histor., tom. I, p. 248.)

(1) V. notre Notice sur les manuscrits concernant la législation du moyen-âge.

en conflit faisaient surgir des contestations opiniâtres. La gravité du caractère des respectables chanoines de Saint-Pierre ne les préserva pas de ce travers d'esprit. Une controverse assez vive s'éleva entre le prévôt de cette église et le chapitre au sujet des droits et juridictions qui leur appartenaient respectivement. Une sentence arbitrale, rendue par plusieurs ecclésiastiques éminents, vint heureusement l'assoupir. Cette sentence porte que toutes les affaires pécuniaires qui concerneront le chapitre, se termineront dans une assemblée canoniale sans le concours du prévôt. — Mais si les chanoines ou clercs de cette église commettent quelque méfait qui entraîne dégradation, privation de bénéfice ou exclusion du chœur, l'application de la peine regardera à la fois le prévôt et le chapitre (SAINT-GENOIS, monuments anciens, page 567.)

23. — *Chapelle de Notre-Dame de la Treille à la collégiale de Lille.* — *Confrérie organisée en 1254.* — Heureusement l'esprit conciliant de la religion vient tempérer ce qu'il y a d'âpre, de raboteux dans ces esprits difficiles ou turbulents, et calmer l'effervescence de ces conflits. Une foi vive et sincère, pénétrant en même temps les clercs et les laïques, réagit sur toutes les parties du culte dont elle se plaît à augmenter l'éclat. Le Christ, la Vierge et les saints se partagent les adorations et les prières. Parmi les fidèles, les âmes pieuses et craintives qui, dans leur humilité, n'osent s'élever jusqu'au juge souverain des hommes, invoquent la mère bien-aimée du Christ, Marie pleine de grâces, avec laquelle est le Seigneur. Dans leurs tribulations ou dans leurs vœux, elles implorent la mère du Sauveur, afin qu'elle intercède auprès de son fils, intermédiaire suprême entre l'homme et Dieu. Ce culte de Marie a tout à la fois pour source la piété la plus pure et le sentiment le plus tendre de la nature humaine, l'amour d'un fils pour sa mère. Compatissant à tous les maux, accessible à toutes les impressions, Marie est tour-à-tour N.-D. des sept douleurs, N.-D. des affligés, N.-D. de pitié, N.-D. de Bonne-Espérance, N.-D. de Bon-Secours, N.-D. de Liesse. Dans les villes comme dans les hameaux, la Sainte-Vierge

est ainsi l'objet de prières ferventes et de pratiques pieuses. A Lille, dans l'église de Saint-Pierre, la chapelle de Notre-Dame de la Treille (1) voit constamment affluer un concours empressé de fidèles. Les bienfaits, les mérites de l'intercession de cette vierge sont exaltés et accrédités au loin par une foi naïve et confiante. Afin de donner à son culte plus de splendeur et de régularité, une confrérie de N.-D. de la Treille est organisée en 1254. Elle est bientôt confirmée par le pape Alexandre IV, qui y attache des indulgences (2). Les chanoines de Saint-Pierre, qui commençaient à sentir que leur influence fléchissait, profitent avec empressement de cette circonstance pour tâcher de ranimer sa force affaiblie.

24. — *Saint-Louis vient à Lille en* 1255. — Cette chapelle révérée de N.-D. de la Treille, de même que la collégiale, reçoit en 1255 la visite d'un éminent personnage, qui fut à la fois un grand monarque et un grand saint, de Louis IX, roi de France. Dans une guerre contre Florent, comte de Hollande, deux des fils de la comtesse Marguerite, Gui et Jean de Dampierre, vaincus dans une bataille avaient été faits prisonniers. La malheureuse mère, déjà si attristée par les discordes funestes qui divisaient ses enfants d'un premier et d'un second lit, les d'Avesnes et les Dampierre, invoque alors la médiation de Louis IX pour tâcher, à l'aide d'un traité, d'obtenir du comte de Hollande, la délivrance de ses deux fils. Le saint roi se hâte de se rendre à Lille ; mais ses efforts ne sont pas, immédiatement du moins, couronnés de succès. Il semble toutefois que le caractère conciliant de ce prince réagisse sur les diverses autorités qui prédominent dans Lille ; car pendant douze ans (de 1255 à 1267), aucune contestation ne paraît s'être élevée entre elles.

---

(1) Ainsi nommée parce qu'elle est entourée d'un treillis de fer.
(2) V. Martin l'Hermite, histoire des Saints de Lille, Douay et Orchies, p. 501.

25. — 1267. — *Débat entre Saint-Pierre et les échevins de Lille, relatif à la juridiction de Saint-Maurice, terminé par un arrangement.* — Mais dans ces temps d'agitations, les difficultés surgissaient pour ainsi dire les unes des autres. Nous avons vu plus haut comment un débat entre le comte et la comtesse de Flandre d'une part, et le chapitre de Saint-Pierre de l'autre, relativement à la juridiction de la paroisse Saint-Maurice, avait pris fin par une sentence arbitrale. Vers 1267, une contestation relative encore au gouvernement de cette partie de la ville s'élève entre l'église Saint-Pierre et les échevins. En possession de la juridiction dans la circonscription à la fois civile et religieuse de Saint-Maurice, la Collégiale y nommait des échevins spéciaux qui rendaient la justice en son nom. Mais ces échevins de Saint-Maurice avaient de continuels démêlés avec les échevins de la ville, plus puissants, plus entreprenants et qui ne laissaient échapper aucune occasion d'accroître leur influence. Pour mettre un terme à ces déplorables conflits toujours renaissants, le comte et la comtesse interposent leur autorité et réunissent l'échevinage de Saint-Maurice à l'échevinage de la ville par des dispositions dont voici la substance : 1. Les échevins nommés pour la ville de Lille par le comte de Flandre seront en même temps échevins dans les limites de la juridiction de Saint-Pierre. 2. Ces officiers, renouvelés annuellement par le comte, prêteront serment qu'ils ne garderont pas moins les droits de Saint-Pierre que ceux de la ville. 3. Ils feront ce serment au doyen ou à deux chanoines délégués par le chapitre. 4. Toutes les fois qu'un nouveau doyen sera nommé, celui-ci en personne ou par l'intermédiaire de deux chanoines, fera de son côté serment au magistrat de Lille. 5. Le prévôt de Saint-Pierre, le doyen et le chapitre nommeront, dans la juridiction de leur collégiale, les sergents ou appariteurs (BUZELIN, *Annales Gallo-Flandriæ*, p. 292).

26. — *Nouveaux conflits entre les autorités lilloises.* — Malgré les traités conclus sans cesse entre les autorités rivales et jalouses qui se disputaient la prépondérance à Lille, les sujets d'altercation

étaient trop nombreux, les occasions, les prétextes de susciter de nouveaux débats se présentaient trop souvent pour que la concorde pût durer longtemps. Les années 1268 et 1269 voient renaître encore des contestations qui néanmoins comme les précédentes se terminent par des arrangements.

Ainsi en 1268, au mois d'août, *pour bien, pour pais et par commun assens*, intervient une convention entre Jean, châtelain de Lille, et l'église de Saint-Pierre, relativement aux contraintes et poursuites à exercer pour le paiement des amendes encourues par leurs hôtes respectifs. (Voir notre Recueil d'actes en langue romane, p. 293).

En septembre de la même année, une sentence arbitrale rendue par le doyen de la collégiale et par le rewart de Lille, adjuge à la ville des tailles dues par un héritage situé sur la terre de Saint-Pierre, par le motif que cet héritage sur lequel la taille était réclamée y était depuis longtemps soumis au profit de la ville (Roisin, p. 278).

L'année suivante, en 1269, sur la plainte de l'église, le comte de Flandre Guy défend aux échevins de Lille d'empiéter sur la terre de Saint-Pierre, même pour l'amendement de la Deûle. Il déclare toutefois que le doyen et le chapitre de la collégiale ont, à sa prière et à sa requête, amiablement remis l'amende encourue (V. notre Recueil d'actes en langue romane, p. 336).

27. — *Institution de la procession de Lille.* — Les chanoines de Saint-Pierre étaient alors préoccupés d'un soin beaucoup plus important. Il ne s'agissait rien moins que d'un grand travail de restauration ou peut-être même de reconstruction à la basilique, délabrée par l'action du temps et des éléments. Un premier appel avait été adressé à la générosité des fidèles ; déjà les travaux étaient commencés : mais le chapitre était obéré et il fallait stimuler de nouveau la bienfaisance publique. Ce fut alors que la comtesse Marguerite et Guy son fils, à la sollicitation du chapitre, en vue de favoriser l'œuvre entreprise, instituèrent la célèbre procession de Lille par une charte de 1269. Les échevins y donnèrent volontiers

leur assentiment, parce que cette fête solennelle devait amener à Lille un grand concours d'étangers dont la dépense serait profitable tant au commerce et à l'industrie qu'à la caisse municipale.

« Nous Margherite contesse de Flandre et de Haynaut, porte cette charte et jou Guis ses fius cuens de Flandre et marchis de Namur, faisons savoir à tous ke nous en lonneur nostre segneur Deu-Jhesu-Christ et de la glorieuse virgene Marie, sa merre, et pour le proufit de l'église Saint-Pierre de Lille ki fundée est de nos ancisseurs segneurs de Flandres et pour l'avancement de loevre ki commencie est en leglise devant dite pour lequel li chanoine de celle mesme église de lor rente dont ils doivent vivre se sont moult durement grevez et blechie de pieca et sont encore chascun jour, avons otroye et otroyons une pourciession a faire entour le ville de Lille cascun an pardurablement, par tel voie et par teuls lieus que li rewars et que esquevin de Lille deviseront et ordonneront que on le puist faire plus convignablement, qui doit commenchier par tel jour que notre sires Dius, en lonneur se tres chiere mere, a commenchie nouvellement a faire si glorieus miracle devant limage que on appielle Notre-Dame a le Treille, en leglise Saint-Pierre devant dite. Chest assavoir, le diemence prumier apries le jour de le Sainte-Trinite et doit durer par IX jours continueus en perpetuel memore des miracles devant dites. Et pour la raison des orisons, des aumoisnes, des biensfaits et des oevres de misericorde que on y fait et fera en avant en lonneur nostre signeur et sa douche mere par commune devostion, nous avons otroyet et otroions a tous chiaus et a toutes chelles qui en pelerinage venront a Notre-Dame a Lille dedens les IX jours devant dis en lonneur de la douche viergene Marie et pour acquerre les pardons qui assis y sont et seront dedens ces IX jours, sauf conduit de nous et de nos gens allant et venant et demorant franquement et paisiule-ment quil ne seront pris ne arriesté pour dette, quil doivent ne pour autre chose darriere faite ou avenue sil ne sont banit pour lait fait.....

« Et nous li rewars et li esquevin de la ville de Lille qui a ches choses devant dites avons mis et metons notre octroi et notre assens, pour chou que nous volons quelles soient bien et fermement tenues a tous jours de nous et nos successeurs, de tant comme a nous appartient, les loons et greons et et promettons fermement à tenir. Et pour plus grant seurte de tout chou que devant est dit avons nous mis no saïel a ces présentes lettres qui furent données en lan del incarnastion notre Segneur Jhu Crispt M CC LX IX, ou mois de février. »

Cette institution de la procession ne fut pas improductive pour la collégiale, car de cette époque ou de quelques années après datent plusieurs travaux importants. C'est en 1275, en effet, que fut terminée la fontaine de Saint-Pierre avec un magnifique puits doré (1).

28. — 1276. — *Violation des priviléges de Saint-Pierre.* — *Jugement contre les infracteurs.* — Malgré cette prospérité apparente dont jouissait la collégiale, la force morale du chapitre tendait chaque jour à décliner ; et cet ascendant si puissant qu'il exerçait sur la population et les autorités de la ville s'éclipsait par degrés. En voici un trait qui le prouve et qui peint en même temps les mœurs de l'époque.

Un malheureux clerc, nommé Adam Blawet, poursuivi par la vengeance du seigneur de Cysoing, de ses fils, de son prévôt, de leurs adhérents, et pourchassé par le bailli de Lille Michel Deledeûle qui s'était uni à eux, s'était réfugié dans le chapitre où il espérait trouver un asile inviolable. Mais bientôt des groupes de gens armés, le bailli de Lille à leur tête, se présentent devant le chapitre avec grand bruit, en poussant des vociférations et en faisant un effroyable tumulte. Ils enfoncent violemment la porte extérieure, se précipitent dans la chapelle où le clerc s'était réfugié, le blessent avec grande effusion de sang, lui crèvent un œil, l'entraînent de vive force, malgré les réclamations et la défense de plusieurs chanoines, dont les efforts demeurent impuissants.

Dans la lutte qui s'engage, quelques-uns des chanoines, plusieurs des chapelains et des clercs de l'église sont frappés, jetés ou renversés par terre, blessés jusqu'à effusion de sang et *vilainement* maltraités, uniquement parce qu'ils voulaient empêcher la vio'ence

(1) A l'endroit où se trouve aujourd'hui la Bourse de Lille.

et l'outrage et sauvegarder la franchise de leur église. Puis les malfaiteurs s'emparent d'Adam Blawet, le promènent dans le cloître et son pourtour ainsi que dans le cimetière, et le blessent indignement dans cette espèce de procession. Ils brisent ensuite à force ouverte les portes de l'église, y entraînent l'infortuné clerc et l'y blessent de nouveau grièvement. Après quoi, ils lui font traverser *laidement* les rues de Lille, le traînent dehors jusqu'au gibet et l'y pendent comme si la justice l'avait ordonné.

Le chapitre indigné ne tarde pas à poursuivre auprès de la comtesse Marguerite la répression de pareils attentats. Après une enquête scrupuleuse intervient un jugement de la seconde quinzaine du mois d'août 1276, par lequel il est dit et ordonné que Michel Deledeûle ne sera jamais plus bailli de Lille, que lui et ses complices *échevelés* et pieds nus rapporteront le corps d'Adam Blawet au lieu où il avait été pris ; que Hellin, seigneur de Cysoing, Jean, son frère, et Arnould, son fils, Plateau, Roger-le-Mercier, prévôt de Cysoing, Heddebaut de Cysoing, Guillaume de Faches, et Adam de Burey se trouveront à l'église, tête nue, en côtes, sans ceinture et la corde au cou lorsque Michel et ses complices rapporteront le corps d'Adam; que Michel Deledeûle, Jean de Cysoing et Amorri Deledouve, iront en cour de Rome implorer l'absolution de leur crime et qu'ils en rapporteront des lettres de pardon ; que les autres coupables demanderont la même absolution au légat de France ; que de plus Hellin devra payer à l'église de Saint-Pierre vingt livres de rente annuelle destinées à la fondation d'une chapelle perpétuelle pour l'âme du défunt, et que Jean de Cysoing, son frère, donnera à ladite église cent livres une fois payées (1).

29 — *Second arsin commis par la ville sur la maison d'un hôte de Saint-Pierre. — Lettres de non-préjudice.* — Nous avons vu plus

---

(1) Voir dans les Archiv. histor. et littéraires de Valenciennes. II.ᵉ série, t. II p. 290, un article de M. Élie Brun, intitulé Profanation de l'église de St.-Pierre de Lille. L'original du jugement de 1276 y est transcrit.

haut (N.º 21) qu'en 1248, après un premier arsin exécuté sur une maison dépendante de Saint-Pierre, était intervenu entre la ville et la collégiale un appointement portant que nonobstant cet arsin les parties demeureraient en tel droit où elles se trouvaient auparavant. Les difficultés qui s'étaient élevées en cette occasion ne rendirent pas la commune plus circonspecte dans une autre circonstance toute semblable, qui se reproduisit en 1280. Gilles Manteau, hôte de Saint-Pierre, demeurait alors à Esquermes, dans une maison dépendante de l'église. Son fils Hugues tua une bourgeoise de Lille nommée Paskem Mantiel. Pour venger la mort de celle-ci le reward et les échevins convoquèrent les compagnies bourgeoises, et avec tout l'appareil d'usage allèrent, sans considération pour les chanoines, brûler la maison de Gilles, leur hôte. De là d'énergiques réclamations de la part du chapitre, qui amenèrent des lettres de non-préjudice octroyées par les magistrats communaux et conçues en ces termes :

« Nous Jehans, rewars del amiste de Lille, eskevin et tous li communs faisons asavoir a tous cheaus ki ces lectres veront pour locaison de larsin, ke le diemense devant le quarmiel des prestres l'an quatre-ving Jehans de la Pilaterie adonc rewars Jehans de Courtray, prevos (et les douze échevins dont les noms suivent), fisent as Skermes sour le tiere St.-Piere de Lille en ardant le maison en lequel Gilles Mantiaus mansit qui hostes estoit St.-Pierre de Lille pour couke Hues fius Gillion devant dit avoit ocis Paskem Mantiel, borgoise de Lille, navons nous nul droit aquis par quoi nous, sour le tiere St.-Piere de Lille puissiemes faire arsin ; ains sommes-nous et li eglise St.-Pierre de Lille en autel estat et en autel point demorant d'en droit arsin que nous estiemes le jour devant çou ke cius arsins fust fais..... etc. (1) »

Cette jurisprudence de la commune était singulièrement commode. Agir toujours comme si l'immunité de la collégiale n'exis-

(1) V. Archiv. du département du Nord, fonds de Saint-Pierre, et Analectes historiques publiées par M. LE GLAY, p. 117.

tait pas, lui remettre ensuite des lettres insignifiantes de non-préjudice, c'était pour les magistrats un moyen facile de faire en tout temps triompher leurs prétentions et de se tirer constamment d'embarras.

30. — *Itératif débat concernant la juridiction de la terre Saint-Maurice.* — *Transaction supplémentaire.* — Parmi les causes incessantes de contestations, les conflits d'attributions n'étaient pas les moindres, principalement en ce qui concernait la juridiction du quartier Saint-Maurice ou des autorités rivales étaient constamment en présence et souvent aux prises. Nous avons vu ci-dessus (N.° 25) comment, pour prévenir ces chocs continuels, il avait été stipulé en 1267 que les échevins de Lille nommés par le comte seraient en même temps échevins de Saint-Maurice. Cette réunion des deux fonctions sur les mêmes têtes n'empêcha pas de nouvelles difficultés de surgir. Une convention supplétive devint indispensable pour y mettre un terme. Elle fut conclue par les parties en 1283 ; en voici la substance :

I. Les échevins de Lille nommés par le comte, continueront d'être en même temps échevins de Saint-Maurice.

II. Si un hôte de Saint-Pierre commet un délit envers les bourgeois de Lille hors l'enceinte de la ville, la connaissance du méfait appartiendra à la justice de l'Église, qui devra y faire droit sur la plainte à elle faite par les échevins. L'amende en pareil cas sera celle que prononce la franchise de la ville.

III. Si un bourgeois de Lille demeurant hors de la terre de Saint-Pierre commet un délit sur la terre de Saint-Pierre, hors de l'enceinte de l'échevinage de Lille, les échevins de Saint-Pierre doivent connaître du fait à la *conjure* ou réquisition de la justice de Saint-Pierre, et les amendes appartiennent au chapitre.

IV. Les chanoines peuvent faire payer par leurs jugeurs *deforains* tous les hôtes couchants et levants dans le territoire de leur église, de quelque condition qu'ils soient.

V. Faute par un bourgeois de Lille qui tient une terre de Saint-

Pierre de payer la rente qui est due, s'il y a lieu à saisir la terre, et si le bourgeois enfreint la saisie légalement faite, les échevins de Lille n'ont pas à s'en mêler, et le chapitre est en droit d'exercer des poursuites pour se faire payer comme il le peut.

VI La présente convention sera garantie par le serment respectif des parties. A chaque nouveau doyen, ce serment sera renouvelé soit par le doyen, soit par deux chanoines au nom du chapitre.

VII. Moyennant cet accord et les stipulations qu'il contient, les parties se déclarent respectivement quittes de tout débat et de toutes réclamations.

VIII. Le doyen et le chapitre d'une part, les échevins et les jurés de l'autre, s'obligent à l'exécution de cette convention et requièrent, les premiers leur prévôt, les seconds monseigneur le comte de Flandre de confirmer la teneur de ces lettres, que les parties munissent de leur scel. (Voyez ROISIN, p. 297.)

31. — 1283 (environ). — *Nouvelles discordes plus graves encore entre la Collégiale et la Commune. — Transaction.* — Les concessions de jour en jour plus larges faites par le chapitre n'étaient pas de nature à calmer l'humeur turbulente, à satisfaire l'esprit envahisseur de la Commune, dont les prétentions devenaient plus exigeantes à mesure qu'elle obtenait davantage. Il en devait être ainsi pour plusieurs raisons. Si un particulier qui voit s'ouvrir devant lui la carrière de la puissance a déjà tant de peine à se contenir dans les bornes de la modération, une population, une commune entière est beaucoup moins disposée encore à l'abnégation et à la retenue. Son ambition se déploie, ses vues s'agrandissent en proportion du sentiment qu'elle a de l'accroissement de ses forces et de l'affaiblissement des pouvoirs qu'elle combat. Les chefs placés à sa tête suivent l'impulsion qui leur est donnée, et ne manquent pas de mettre à profit l'entraînement populaire pour favoriser leur propre élévation. Ce sage esprit de réserve et de conciliation, qui souvent leur fait défaut, est bien plus rare encore dans les agents subalternes qui les représentent. Pour ces derniers,

mis en contact perpétuel avec les suppôts des puissances rivales, ce sont chaque jour des amours-propres en jeu, des passions excitées; c'est un désir immodéré de voir triompher sa cause et d'humilier ses adversaires. En 1283, cette passion s'étendit si loin chez quelques officiers de la commune de Lille, que dans l'ardeur de la lutte, on alla jusqu'à mettre en quelque sorte les chanoines en interdit et à les priver de toute communication avec la ville. Un ban fut publié pour défendre, sous peine d'exclusion de la commune, à tous bourgeois de Lille, à leurs femmes et à leurs enfants, de passer le pont qui conduisait à Saint-Pierre ou à la chapelle voisine, de conserver aucun rapport avec le chapitre, le chapelain et les clercs, de porter dans leur maison les marchandises ou denrées achetées à Lille et de leur rendre aucun service. Cette espèce de séquestration produisit un grand scandale. Le chapitre se plaignit vivement au comte de Flandre et à l'évêque de Tournai, de sorte que les échevins se virent forcés de désavouer leurs subalternes et furent amenés, pour montrer leur innocence, à s'offrir de jurer qu'ils avaient été tout-à-fait étrangers à ces faits. Ce désaveu fut l'objet de lettres émanées du chapitre, qu'on suppose de 1283 environ.

« .... D'après les faits qui nous ont été rapportés, disent les chanoines dans ces lettres, nous nous sommes plaints contre les rewart, échevins et administrateurs de la ville de Lille, devant monseigneur le comte de Flandre ;...... et devant le révérend père et seigneur l'évêque de Tournai, et sur les remontrances faites d'après notre déclaration auxdits rewart, échevins et administrateurs, ils nièrent que ces choses fussent vraies, assurant qu'ils y étaient étrangers, et pour montrer leur innocence nous offrirent humblement de se purger par serment et d'affirmer que ces choses n'étaient pas vraies et qu'elles n'avaient été faites ni par eux ni à leur instance ou par leurs instructions. Or, nous, réfléchissant que lesdits rewart, échevins et administrateurs sont d'une si haute considération et autorité qu'ils n'offriraient pas de se purger sous leur serment si le contraire de leur assertion était vrai ; au nom du sieur Guillaume de Pouilly, notre prévôt, clerc du très-illustre roi de France, ayant sur ce, pouvoir dudit prévôt ; au nom de l'église et au notre, avons fait la remise du serment devant dit aux rewart, échevins et administrateurs de Lille, en fonctions l'an passé, lesquels nous offraient humblement de faire le serment de purge sur les choses ci-dessus, devant nous dans notre chapitre ; renonçant à ce sujet à toute action, proclamons lesdits rewart, échevins et administrateurs quittes et libérés de toutes les choses ci-dessus. En foi de quoi nous avons donné les présentes lettres, munies de notre sceau. (ROISIN, p. 299 — 301.)

32. — *Le seigneur de Cysoing et le comte de Flandre autorisent le chapitre à acquérir divers biens.* — Les cinq années qui suivent de 1283 à 1288 s'écoulent sinon dans une paix profonde, du moins sans hostilités apparentes. Dans cet intervalle, si la puissance de la collégiale n'augmente plus, sa fortune s'accroît encore de quelques domaines qu'elle est dûment autorisée à acquérir.

Ainsi, en novembre 1286, Gui, comte de Flandre, permet au chapitre de Saint-Pierre de Lille d'acquérir vingt-quatre livrées de terre, que le seigneur de Cysoing s'est obligé de procurer à la collégiale. (V. Recueil d'actes en langue romane, p. 355.)

Ainsi encore en 1287, au mois de novembre, le même comte autorise le Chapitre à acquérir dix livrées de terre, là où ils pourront les trouver le mieux à leur convenance, soit en terres labourables, soit en dîmes à tenir perpétuellement. (Même recueil, p. 358.)

33. — 1288. — *Le comte de Flandre Gui attribue à la ville la juridiction et seigneurie sur la paroisse de Saint-Maurice et sur plusieurs autres terres.* — A cette époque, en présence des difficultés, des querelles qui se renouvelaient sans cesse entre la collégiale et la commune, le comte de Flandre, porté d'ailleurs pour les Lillois, chez lesquels il trouve d'abondantes ressources, arrive à reconnaître l'impossibilité que les deux pouvoirs rivaux subsistent plus longtemps ensemble dans le quartier Saint-Maurice. Il fait en conséquence au chapitre les offres qu'il croit les plus avantageuses pour le déterminer à se désister de tous ses droits de seigneurie sur cette terre et insiste vivement pour que ses offres soient accep-

tées. Cette proposition, par les conséquences qu'elle devait entraîner, était de la plus haute gravité pour les chanoines. Ils la soumettent au pape Honorius IV. Le souverain pontife commet pour en prendre connaissance l'évêque de Tournai, le prieur des frères-prêcheurs (ou dominicains) de la ville de Lille et le gardien des frères-mineurs [ou franciscains]. Ces trois personnages, après examen, déclarent, par lettres du 9 juin 1288, qu'ayant été nommés par le pape Honorius IV pour approuver, s'il y avait lieu, un échange proposé entre les doyen et chapitre de l'église de Lille, et les échevins et communauté de cette ville, au sujet de quelques terres qui appartenaient à ce chapitre dans la paroisse de Saint Maurice, ce qui occasionnait de grandes difficultés entre eux, ils donnent auxdits doyen et chapitre le pouvoir d'échanger avec noble personnage le comte de Flandre les terres qui leur appartenaient dans la ville de Lille, contre la dîme de la paroisse de Wambrechies qui valait annuellement cent soixante livres parisis et dont cette église devrait jouir, exempte de toute charge, service féodal, domaine temporel (1).

En conséquence de cette autorisation avantageuse, au nom du Souverain Pontife, Gui, comte de Flandre, par lettres du 18 juillet 1288, donne aux doyen et chapitre de Saint-Pierre à Lille, la dîme de Wambrechies, qu'il avait achetée de Robert de Levreghien, qui la tenait en fief de lui, pour, par l'église, en jouir à toujours exempte de toute charge et exaction; ce don fait en échange de la cession consentie par le chapitre, des domaines, justice et droits appartenants audit chapitre dans la paroisse de Saint-Maurice dans la ville de Lille; le chapitre s'étant réservé le droit de patronat de la cure, la collation des bénéfices et les autres revenus (2).

---

(1) V. aux archives du département du Nord, à Lille, l'original en parchemin; et St.-Genois, monuments anciens — Flandre, p. 759.
(2) V. aux mêmes archives l'original en parchemin, scellé du grand scel du comte; le premier cartulaire de Flandre, pièces 6 et 306; — Aubert-le-Mire, opera diplom., t. III. p. 425; — St.-Genois, p. 762.

(55)

De leur côté, par lettres de la même époque, les doyen et chapitre de l'église cèdent au comte de Flandre toutes les terres qui leur appartenaient en la ville de Lille, paroisse de Saint-Maurice, avec toute la juridiction et le domaine temporel, se réservant seulement le droit de patronat de cette église, la collation des bénéfices ecclésiastiques et autres revenus, et promettent sous serment fait par Gilles de Bruges, écolâtre, leur procureur, d'exécuter ces lettres et de ne jamais les enfreindre. Ils prient Amaury de Neelle, prévôt de leur église, et l'évêque de Tournai, de confirmer ces lettres et de les munir de leur sceau; ils reconnaissent avoir reçu en échange de cette cession une partie de la dîme de Wambrechies de la valeur annuelle de quatre-vingt-seize livres parisis, exempte de toute charge, service et exaction, et amortie par le comte (1).

Nanti de la sorte, le comte Gui confère aux échevins et communauté de la ville de Lille les juridiction, seigneurie et justice dans la paroisse de Saint-Maurice de ladite ville, qu'il avait acquise des prévôt, doyen et chapitre de Saint-Pierre de Lille; les soumet à la loi et à l'échevinage ainsi que les autres endroits de cette ville; leur donne de plus ce qu'il avait acheté du châtelain de Lille hors la porte de Weppes et ce qui lui appartenait dans la rue de Pétrin, paroisse de Saint-Pierre, pour être également soumis à la loi et à l'échevinage de la ville (2).

Cette concession si importante de la part du comte de Flandre aux bourgeois de Lille n'était pas l'œuvre d'une générosité purement gratuite. Il s'y trouvait aussi du calcul. Le comte de Flandre avait un puissant intérêt à ce que la ville de Lille fût riche et prospère :

La commune, en effet, allouait au comte des subsides plus

---

(1) V. aux mêmes archiv. l'original en pa chemin, scellé des sceaux du chapitre et du prévôt; — St.-Genois, ibid, p. 762.
(2) Premier cartulaire de Flandre, pièce 601; — St.-Genois, ibid, p. 764.

ou moins considérables en temps de guerre et dans les autres circonstances graves ;

Pour le service de l'ost et de la chevauchée, elle équipait et mettait sur pied une troupe nombreuse ;

Elle se portait caution des traités souscrits par le prince (1) ;

Des péages, des tonlieux, des droits divers sur les marchandises étaient perçus au profit du comte ;

Enfin il se faisait payer à un prix élevé les concessions et les priviléges qu'il accordait.

Pour le prince comme pour la commune, il y avait donc un avantage incontestable dans cette adjonction à la ville de Lille du vaste et riche quartier de Saint-Maurice.

Il n'en était pas de même quant à la collégiale. Pour elle, cet échange, qui enrichissait et fortifiait une puissance rivale, était en même temps onéreux et humiliant. Aussi ne s'y résigna-t-elle qu'avec répugnance et repoussa-t-elle d'abord de toutes ses forces un acte dont elle pressentait les suites fâcheuses.

Effectivement, dès qu'elle est une fois dépouillée de la seigneurie et juridiction de Saint-Maurice, elle perd le premier rang qu'elle occupait dans la ville. La supériorité dont elle avait été jusque-là investie passe à la commune qui, à son tour, devient prédominante. On peut dire que dès ce moment le rôle politique de la collégiale est terminé. Le chapitre sans doute continue de former un corps privilégié, une congrégation riche, savante et respectée. Mais en face du comte et de la commune, c'est une grandeur déchue, une splendeur désormais éclipsée.

34. — *Progrès de la commune de Lille jusqu'à la fin du XIII.*[e] *siècle.* — Le monde politique, livré un perpétuel mouvement de rotation, n'offre qu'une alternative incessante de puissances qui

---

(1) V. dans Roisin, publié par M. Brun-Lavainne, les actes rapportés, p. 132, 279, 323.

montent et de puissances qui descendent. Pendant que la collégiale de Lille fléchit et décline, la commune florissante arrive progressivement à son apogée. Depuis 1235 qu'elle est réorganisée sur des bases plus larges et plus libérales, jusqu'à la fin du XIII.e siècle, son mouvement d'ascension ne s'arrête pas. Les princes intéressés à sa prospérité ne cessent de la combler de leurs faveurs, ainsi :

En 1242, le comte et la comtesse de Flandre Thomas et Jeanne, en vue de favoriser le commerce lillois, permettent aux échevins d'exécuter sur la Deûle divers travaux destinés à en rendre la navigation plus facile, et autorisent la commune à se rembourser sur les péages acquittés par les marchandises. (ROISIN, édition de 1842, p. 252.)

En 1269, la comtesse Marguerite, *pour le commun pourfit de tout le pays,* consent à des travaux du même genre sur d'autres points de la Deûle, vers la porte de Quesnoy, et diminue le chiffre des droits à percevoir sur les marchandises, afin de rendre le passage des bateaux plus fréquent et de compenser par la quantité d'objets sujets au tonlieu la perte résultant de l'abaissement du tarif. (ROISIN, p. 279.)

En 1271, la même comtesse Marguerite établit à Lille une franche-foire aux chevaux qui doit commencer le lendemain de la procession (v. N.º 27) et durer cinq jours consécutifs. (ROISIN, p. 284.)

La même année, le comte Guy, fils de Marguerite, permet aux échevins de faire un rivage ou quai, depuis le pont de Fins, qui conduit de Saint-Maurice jusqu'à Rihout. (ROISIN, p. 286.)

En 1272, la comtesse Marguerite prononce l'exemption de toute espèce de péage sur le canal nouvellement terminé de La Bassée à Lille. (ROISIN, p. 287.) (1)

---

(1) Ce canal était creusé par l'effet d'un traité intervenu en 1271 entre Jean, châtelain de Lille et la commune (ROISIN, p. 285.)

En 1279, le comte Guy fait don à la ville, des halles et de leurs dépendances, moyennant douze deniers de rente par an (1).

En 1284, cession est faite à la ville de Lille par le roi Philippe-le-Bel de tout droit de propriété sur ses fortifications moyennant 24 mille livres. (ROISIN, p. 305.) (2)

En 1285, le comte Guy, *pour lamendement et le utilitei de le vile de Lille et pour le pourfit des bourgois et dou kemun de celi vile et pour l'amour kil a a eux,* leur donne l'emplacement où est érigée la boucherie avec ses dépendances, le tréfonds, les rentes et les profits y afférents, et leur attribue en outre le droit de mesurage perçu sur les céréales et denrées vendues dans l'échevinage et l'enceinte de la ville. Ce don est ratifié la même année par Robert, comte de Nevers, fils aîné du comte Gui. (ROISIN, p. 317 et 318).

En 1287, Le comte Gui reconnaît que le jugement des bourgeois poursuivis en justice appartient aux échevins, et octroie des lettres de non-préjudice pour l'exécution de deux bourgeois de Lille, condamnés pour meurtre par la justice du comte. (ROISIN, p. 320).

En 1291, le même comte Gui, *pour lamendement de le vile de Lille et pour l'amour kil a a ses bourgois et a le communitei de celi vile,* octroie à la ville tous les droits qu'il possède sur les rivières et les courants qui la traversent depuis le moulin *del Saulch* jusqu'à *celui du Château,* ainsi que les places où se tiennent la foire et les marchés, avec les droits qui s'y perçoivent. (ROISIN, p. 324).

En 1294, le même comte octroie des lettres de confirmation pour

---

(1) On lit dans ces lettres : « Nous Guis coens de Flandres et marchis de Namur.... pour lamour ke nous avons a nos bourgois et a le communitei (de notre ville de Lille), pour les courtesies qu'il nous ont fait, avons donnei et donnons a nos bourgois et a le communtei devant dite toute la hale de no vile entierement et les apendances si keles sient et le treffons et toutes les rentes et les pourfis qui nous afferent de le hale devant dite et ke nous y aviens à tenir iretaulement et paisiulement de nous et de nos hoirs seigneurs de Flandres sans destourbier comme leur boen iretage parmi douze deniers de le monoie de Flandre de rente cascun an a payer au jour St.-Remi. . (ROISIN p. 293.)

(2) En 1286, le roi donne quittance de ces 24 mille livres, qu'il reconnait lui avoir été payées (ROISIN, p. 319).

les acquisitions faites par des habitants de Lille, de fiefs, de rentes, terres et héritages, mouvants du comte de Flandre, nonobstant la défense précédemment faite de les acquérir (ROISIN, p. 331.)

On voit, par tous ces actes que nous nous bornons à indiquer, à quel degré de prospérité parvient la commune de Lille et combien sont considérables les franchises et les avantages qu'elle obtient successivement.

Mais cette situation si brillante de la cité va être tristement compromise par les guerres avec la France.

35. — *Invasion de la Flandre par le roi Philippe-le-Bel.* — *Lille pris trois fois.* — *Situation de la ville et de la collégiale.* — Tandis que les devoirs féodaux et les inclinations des comtes de Flandre les rattachaient à la couronne de France, dont ils étaient les grands vassaux, les relations d'industrie et de commerce des Flamands avec l'Angleterre, rapprochaient constamment ceux-ci de cette puissance. Le comte Gui, entre autres enfants nés de son second mariage avec Isabeau, comtesse de Namur, avait une fille nommée Philippe, filleule de Philippe-le-Bel, roi de France. Gui, entraîné par la tendance de ses sujets vers l'Angleterre, fiança inconsidérément, en 1294, cette princesse au jeune Édouard, fils d'Édouard I.er, roi de la Grande-Bretagne. De là une vive indignation dans l'esprit du roi de France et un double grief contre le comte de Flandre.

1.º Parcequ'il avait promis sa fille à un étranger, malgré la règle de droit public français, d'après laquelle aucun prince ni grand feudataire ne peut marier ses enfants hors du royaume sans le congé du roi (1).

2.º Parce qu'en faisant alliance avec un roi étranger, il s'exposait, en cas de guerre, à méconnaître les devoirs de fidélité dont il était tenu comme grand vassal de la couronne de France.

Philippe-le-Bel, sous prétexte qu'il désirait voir sa filleule et le

(1) LANNOY. *De reg á in matrimonium potestate.*

comte Gui, son père, avant leur départ pour l'Angleterre, les attira à Paris comme dans une sorte de piége et les retint perfidement en captivité. Le comte Gui fut relâché quelque temps après ; mais sa fille Philippe resta prisonnière à la cour de France, où elle mourut de chagrin.

Sous couleur de venger la majesté royale outragée, Philippe-le-Bel rassembla une puissante armée, descendit vers la Flandre en grand appareil de guerre et se dirigea vers Lille. Toutefois, avant de recourir à la force contre cette ville, il essaya de la gagner par la douceur. Au mois de juin 1296, il octroya d'abord un sauf-conduit aux marchands qui viendraient à la foire de Lille, puis il déclara prendre la ville elle-même sous sa sauve-garde, avec ses habitants. Mais ces tentatives ne purent détourner les Lillois de leur fidélité envers le comte, et quand les hostilités commencèrent, au mois de mai 1297, le comte Gui requit avec confiance ses loyaux bourgeois de Lille de se réunir en armes le lendemain de la Pentecôte pour l'aider à défendre son honneur et sa terre (1).

Les belliqueux Wallons soutinrent vaillamment les premières attaques des troupes de Philippe-le-Bel. Afin d'animer leur courage, le comte Gui vint à Lille, où il fit sa première entrée solennelle, reçut le serment des bourgeois et jura lui-même de garder et de régir par échevinage la ville de Lille, sa loi et ses franchises, les usages, les coutumes, la personne et l'avoir de ses habitants (2).

Mais dans cette ville populeuse, cernée de toutes parts et serrée de près, la pénurie devint extrême. Les vivres manquèrent à beaucoup de gens ; les subsistances furent portées à un prix exorbitant, de sorte que les bourgeois désiraient bien que la ville fût rendue. Un jour, Robert-de-Flandre, fils du comte, était assis à diner dans la salle. Le comte de Hainaut, Jean d'Avesnes lui fit lancer du dehors, à l'aide d'un engin, une pierre énorme qui brisa le comble de la

---

(1) Ces pièces de 1296 et 1297 sont rapportées par M. ÉLIE BRUN dans les sept siéges de Lille, p. 66—69.
(2) V. ROISIN, p. 340.

salle, tomba devant la table et tua deux chevaliers. Robert, accablé de douleur, dit qu'il ne pourrait plus tenir la ville et la fit rendre par les bourgeois. Ceux-ci la mirent à condition que le comte Robert se retirerait sain et sauf avec tous ses gens d'armes et leurs équipages (1).

Une capitulation honorable fut accordée par Philippe-le-Bel le 29 août 1297. (2)

Ainsi tombée dans les mains du roi de France, la ville de Lille fut, comme Douai et Orchies, retenue par ce monarque. Mais en 1302, après la bataille de Courtrai, où les Français éprouvèrent une si cruelle défaite, cette ville rentra au pouvoir des Flamands.

Pendant que le comte Gui et son fils, Robert-de-Béthune, étaient prisonniers à Compiègne, elle fut recouvrée par Jean de Namur, second fils du comte de Flandre, qui la reçut à capitulation au mois d'août de la même année. Mais cette réintégration des Flamands dans Lille ne fut pas de longue durée. Car en 1304, après la victoire de Mons-en-Pévèle, chèrement achetée par les Français, Lille dut se rendre de nouveau à Philippe-le-Bel.

Par l'effet du traité qui suivit de près la bataille, cette place resta à la France comme gage des sommes que durent payer les vaincus (3). En 1312, elle fut comprise dans la cession que le comte Robert de Béthune fit à Philippe-le-Bel des villes de la Flandre-Wallonne.

Le roi de France et ses successeurs restèrent en possession de cette partie de la Flandre jusqu'en 1369. Charles V, roi de France, mariant alors son frère Philippe, duc de Bourgogne, avec Marguerite, fille et unique héritière de Louis de Mâle, comte de Flandre, se déporta de la cession faite à Philippe-le-Bel, mais à charge de

---

(1) V. Chronique de JEHAN-LE-TARTIER DE CANTINPRÉ, citée par M. ÉLIE BRUN. ibid. p. 65.
(2) V. M. ELIE BRUN, ib'd, p 69.
(3) V. ibid, p. 92.

reversion à la couronne de France, à défaut d'héritiers mâles.
(Archives de Douai, cartulaire T.)

Conformément aux stipulations intervenues en 1304, la ville de Lille et ses habitants conservèrent *les loix, les usaiges, les franchises, les priviléges* qu'ils possédaient. Toutefois, l'indépendance communale reçut une grave atteinte de la construction d'un nouveau château érigé par les Français et commandé par un gouverneur militaire, et de l'établissement de la gouvernance, juridiction royale qui vint dominer celle des échevins.

Quant à la collégiale, protégée par les lettres d'immunité de Philippe-Auguste de 1202, elle resta en possession de ses priviléges et de ses biens. Malheureusement un cruel désastre vint l'atteindre en 1334 : ce fut l'incendie de la basilique.

36. — *Incendie de la Collégiale.* — *Reconstruite dans un nouveau style, elle a subsisté jusqu'en 1793.* — En 1334, la vieille basilique de Saint-Pierre, fondée au XI.e siècle, devint la proie des flammes.

Cet incendie dut être terrible. Dans les lettres de la comtesse Marguerite, de 1269, qui constituent la procession de Lille, nous avons vu qu'il était question alors d'une *œuvre commencée*. (Voir ci-dessus, N.º 27). Cette œuvre comprenait la reconstruction d'une partie de l'église et de quelques dépendances qui l'environnaient. Tous ces bâtiments furent brûlés en 1334.

Après cette calamité si affligeante, le chapitre se vit dans la triste nécessité de reconstruire entièrement l'église. Ce dut être une rude et difficile entreprise. A cette époque, la ferveur religieuse s'était singulièrement refroidie, et ce ne fut pas sans peine que la collégiale, avec toutes ses ressources, put suffire à une si énorme dépense. De longues années s'écoulèrent avant que le nouvel édifice fût terminé. Enfin, on y mit la dernière main. A la différence de l'ancienne église construite dans le genre romano-bizantin, le style de la basilique du XIV.e siècle fut ogival et gothique. Sans être très-remarquable, l'architecture n'en était pourtant pas dénuée de mérite. Comme le chapitre lui-même, cette église a subsisté jusqu'à la révolution (1).

(1) Ce fut le 23 mars 1793 que la collégiale de Saint-Pierre fût vendue comme domaine national, pour être démolie. Dans le procès-verbal d'adjudication elle est ainsi désignée : « N.º 1.ᵉʳ tout un grand corps de bâtiment sur lequel est située l'église de Saint-Pierre avec le terrin (sic) qui l'entour servant autrefois de cimetière, y compris la chapelle de Saint-Michel, etc....

NOTES.

Note A. *Formation et développement des villes du Nord.*
Dans leur formation et leur développement, plusieurs de nos villes du Nord procèdent d'une manière semblable. Leur premier noyau consiste dans un château fortifié (*castrum* ou *castellum*), placé sous les ordres d'un officier militaire ou *châtelain* qui y commande au nom du comte et dirige en outre les forces féodales de la contrée d'alentour, nommée la *châtellenie*. Un bourg (*burgum*), nommé aussi *chastel as bourgeois*, s'élève à côté du château féodal et, comme celui-ci, est entouré de retranchements et de fortifications. Derrière ces remparts s'abrite une population qui s'occupe d'agriculture, d'industrie et de commerce et se divise en corps de métiers plus ou moins nombreux. Les habitants du bourg portent le nom de bourgeois (*burgenses*). Comme leur prospérité fait la force et la richesse du comte, il est intéressé à ce qu'ils soient bien traités. Les franchises qu'il leur reconnaît ont surtout pour but la liberté personnelle et la libération du servage, la sûreté individuelle affermie par une sorte de garantie mutuelle, le droit de n'être point taillé arbitrairement et à merci, la limitation du service temporaire de l'ost, auquel ils sont assujétis hors des murs. Ces bourgeois sont gouvernés au nom du comte par un mayeur féodal et héréditaire et par des échevins seigneuriaux que le délégué du comte nomme et révoque à son gré. Jusque-là, quelque prospère qu'elle soit, la bourgade n'a point d'existence légale proprement dite. Ses intérêts, ses pouvoirs, ses biens s'identifient avec ceux du comte. Peu-à-peu néanmoins, par l'effet de causes diverses, elle acquiert une personnalité à elle, et forme un être moral et collectif assimilé à un petit état. Alors est véritablement constituée la commune. Sorte de vassale d'un ordre supérieur, celle-ci relève directement du comte, seigneur de la terre. Mais à part les subsides, le service militaire et les autres devoirs dont elle est tenue envers lui, elle est maîtresse chez elle. La mairie féodale et héréditaire est abolie. Les échevins, nommés dans des formes prescrites et à des conditions déterminées, sont nécessairement pris parmi les bourgeois. Ce ne sont plus les officiers du comte, ce sont ceux de la commune au nom de laquelle ils administrent, jugent et commandent. Cette substitution des échevins communaux aux échevins seigneuriaux et la reconnaissance de la commune

comme autorité distincte, ayant ses prérogatives et ses attributs caractéristiques forment, à promptement parler, l'institution communale (1).

Note B. *Principaux faits qui intéressent la collégiale de Saint-Pierre depuis le XIV.e siècle.*

1334 et suiv. Reconstruction de l'église St.-Pierre. — Rétablissement du tombeau du comte Bauduin V (de Lille), fondateur de la collégiale ; nouvelle épitaphe (V. Chron. d'Aubert-le-Mire, p. 287).

1342. Déclaration de non-préjudice donnée par les échevins de Lille, a raison de fortifications faites sur les terres de St.-Pierre (Roisin, p. 366).

1346. Accord entre le chapitre de St.-Pierre, le bailli de Lille et les échevins de cette ville, sur ce que le bailli de Lille avait arrêté dans la ville un hôte de St.-Pierre pour soupçon de larcin et pris des gages pour cause de l'assise du vin sur la terre de St.-Pierre (Roisin, p. 374).

1348. Ordonnance du Chapitre de St.-Pierre pour réparation d'une injure faite à un de ses sujets.

1373. Sentence du comte Louis de Mâle sur des différends graves élevés entre la ville et la collégiale de St.-Pierre (Voy. le livre de M. Herreng : Des lois et coutumes de la ville de Lille, Ms. de la biblioth. de Lille, N.º 258, titre CXIII. — Roisin, p. 427).

1380. Louis de Mâle, comte de Flandre, confirme les priviléges de la collégiale de St.-Pierre (Aubert-le-M., tom. III, p. 694).

1383. Mort de Louis de Mâle. Ses funérailles magnifiques. — Il est inhumé à St.-Pierre. — Son tombeau (Voy. Froissart, Liv. II, ch. 247. — Buzelin, *Gallo-Flandria*, Lib. III, p. 479. — D'Oudegherst, Annales de Flandre, t. II).

1408. On donne une couronne d'or de 41 sous à l'évêque des Fous, pour les réjouissances qu'il fit faire à St.-Pierre.

1416. Représentation des Mystères. — Un chanoine de St.-Pierre se fait peindre des marques de clous, aux mains et aux pieds, afin de représenter l'Ascension de J.-C.

1419. Le Chapitre de St.-Pierre réclame un impôt des brasseurs demeurant dans les paroisses de St.-Pierre, St.-Etienne, Ste.-Catherine.

1430. Chapitre solennel de la Toison-d'Or, tenu à St.-Pierre par Philippe-le-Bon (Buzelin, *Gallo-Flandr.*, lib. II, p. 313-316).

1447. Le Chapitre de St.-Pierre veut éliminer de son sein Jean Pochon, à cause de sa naissance illégitime.

1450. (Environ). Formule du serment des mayeurs du chapitre de Lille. (V. le liv. intitulé *Decanus*, ms. N.º 89 de la biblioth. de Lille.)

---

(1) Voy. notre Mémoire sur l'affranchissement des communes (*Cambrai*, 1857), p. 231, et notre Recueil d'Actes en langue romane-wallone (*Douai*, 1849), introduction, p. CLVII.

1453. Etude des sciences dans le Chapitre de St.-Pierre. — Traité des quatre dernières choses translatées du latin en français, par Jean Miclot, chanoine de St.-Pierre.

1455. Grande sentence rendue par Philippe-le-Bon, sur divers points litigieux entre la collégiale et la ville (1).

1465. Mausolée érigé par Philippe-le-Bon, à ses aïeux, dans la collégiale.

1470. Il est reconnu que les échevins de Lille ont le droit de haute, basse et moyenne justice.

1549. Statuts, bancs et ordonnances faits par messeigneurs de St.-Pierre, en leur terre et seigneurie (Voy. le liv. de M. Herreng, déjà cité).

1565. Walrand Hangouart, chanoine de St.-Pierre, aumônier de Charles-Quint, fonde dans la collégiale des prébendes pour 18 pauvres.

1566. Commencements des troubles religieux. — Mauvais traitements que les hérétiques font subir aux suppôts de St.-Pierre.

1667. Lille rentre sous la domination française. — Louis XIV vient à l'église de St.-Pierre, où il jure de respecter les priviléges de la collégiale et ceux de la ville.

1710. Dommage éprouvé par l'église dans le siége de Lille par le prince Eugène. — Ses vitraux sont brisés, ses voûtes affaissées, et ses murailles atteintes.

1754. Procession solennelle et séculaire par le clergé de la collégiale, en l'honneur de la Vierge Marie. Elle se composait de quatre marches relatives au triomphe de la Sainte Vierge.

---

(1) Nous renvoyons, au surplus, pour l'indication des nombreux différends survenus entre la collégiale et les diverses autorités de Lille depuis le XIV.e siècle, au livre déjà cité de M. Herreng, titres 113, 114, 115, 116 et 117.

www.ingramcontent.com/pod-product-compliance
Lightning Source LLC
LaVergne TN
LVHW051515090426
835512LV00010B/2539